Vom

Höhenflug

zur

Bruchlandung

Rassenwahn in allen Zeiten

von

Herbert Risz

Das Hyperlink für die Generation der Inter-Nauten um endlich klar zu stellen was es mit diesem konfusen Begriff Rassismus auf sich hat.

Damit dieser Essay fertig werden konnte, haben vor allem Ariel und Yann geholfen, sowie mit Material Alexander und Anna Melach und Friedl Hofbauer-Melach in Wien, ebenso wie Anna Mudry in Berlin.

I.

Haider ante portas

Mit dem Zweiten Weltkrieg glaubte man, endlich Schluss gemacht zu haben mit Nazis und Rassisten und ähnlichen Ausbünden der Menschheit und nun erweist sich plötzlich Österreich als Ausbund der Neuen Schlechtigkeit. Droht da wirklich ein rassistischer Teufel, durch das demokratische Hintertürl ins EU-Gebäude zu schleichen?

Manche mögen sagen, man tut dem kleinen, unbedeutenden Österreich unrecht, es so zu verteufeln. Doch Österreich ist gefährlich. Ging im letzten Jahrhundert nicht schon genug Unheil von diesem Land aus? Der Neoliberalismus etwa kam von dort. Joseph Schumpeter und Friedrich von Hayek, zwei Wirtschaftswissenschaftler aus Österreich, erfanden ihn im ersten Drittel des vorigen Jahrhunderts. Wohl um die Überlegenheit seiner Theorien zu beweisen, wechselte Schumpeter sehr bald vom Lehrstuhl in die Praxis. Doch wie das schon so ist mit Theorien, die Bank, die er entsprechend leitete, ging schmählich bankrott. Schumpeter kehrte reumütig wieder zu seinem Leisten zurück, nämlich, seinen Studenten zu lehren, wo's zu Reichtum und Erfolg lang ging. Hayek riskierte erst gar nicht den Beweis seiner Thesen durch die eigene Praxis, er blieb hinter dem Pult der Hochschule verschanzt. Wir leiden jedenfalls heute unter dem Ansturm ihrer Schüler, den globalen Neoliberalisten, deren Hauptbeschäftigung offenbar darin liegt, die Ware "Arbeitsloser" zu produzieren und so, vielleicht nach Schumpeters Vorbild aber im ganz großen Stil, den globalen Bankrott zu schaffen.

Hitler und sein Nazismus brauchen als österreichische Erfindung nicht mehr vorgestellt zu werden. Allerdings muss man schon betonen, dass die Österreicher dem Hitler keine Chance ließen, sich bei ihnen zu entwikkeln. Sie kennen sich mit Irrsinnigen aus. Um erfolgreich auftreten zu können, musste er schon zu einem naiven Publikum ausweichen. Aber was soll's, erfunden wurde der Horror ja doch in Österreich.

Seien wir aber nicht selber rassistisch voreingenommen, in Österreich wurden auch gute Dinge erfunden, die Psychoanalyse zum Beispiel. Das sollte niemanden überraschen, denn wie schon erwähnt, Österreich kennt sich beim verrückt Sein aus. Ohne den Österreicher Freud würden wir jedenfalls heute immer noch blindlings in den nächsten Ödipuskomplex stolpern.

Vor allem aber wäre eine wirklich großartige österreichische Erfindung zu würdigen, die Sozialpartnerschaft. Die hat nach dem Krieg den allgemeinen europäischen Wohlstand insofern abgesichert, als sie nicht nur die Reichen reicher werden, sondern die Ärmeren ganz schön mitnaschen ließ. Den von der Volkswirtschaft erzeugten Reichtum so weit nach unten ausstrahlen zu lassen, war dem Kapitalismus bis jetzt noch nie und nirgendwo gelungen. Erfunden wurde die Sozialpartnerschaft in den Konzentrationslagern der Nazis, wo Politiker einsaßen, die sich kurz vorher noch einen blutigen Bürgerkrieg, Unternehmer und Bauern gegen Arbeiter, geliefert hatten. Der Kern ihrer Erfindung lag in der Erkenntnis, dass der Bürgerkrieg nur dem gemeinsamen Gegner Vorteile gebracht habe, daher müsse man die neue Gesellschaft auf der Grundlage der Wahrung gemeinsamer Interessen aufbauen, also stets den Konsens mit dem Gegner suchen. Österreich sei also auch Dank.

Zur Zeit steht diese Art, die Gesellschaft zu managen unter massivem Angriff der anderen österreichischen Erfindung, des Neoliberalismus. Der will die Konsenspolitik durch einen Freistilkampf aller gegen alle ersetzen und dass der Bessere gewinne, wodurch alle reich werden würden.

Kommt zu diesem Angriff jetzt auch noch der Rückfall in überwunden geglaubte Phantastereien einer germano-europäischen Rechten vom Rassenkampf der Zivilisationen? Hängen die beiden Erscheinungen vielleicht gar zusammen? Was Haider betrifft, so wurde nicht viel aus dem großen Krach. Dagegen mehren sich Morde an Fremden und nicht nur in Deutschland. Aber wie kann es überhaupt so weit kommen, dass auf der einen Seite Hysterie, auf der anderen tatsächliche Gewalttaten ausbrechen? Um die Gefahr in ihren wirklichen Dimensionen abschätzen zu können, muss man sich daher alle Facetten unseres Rassenwahns und ganz aus der Nähe ansehen.

II.

In der guten alten Zeit massakrierte man
ganz ohne Rassenhass

Viel Eintracht zwischen den Völkern gab es wohl nur ausnahmsweise in unseren Breiten. Gegen die Mitte des ersten Jahrtausends unserer Zeitrechnung jagten die Reiterheere des Turkvolkes der Hunnen aus den östlichen Steppen gegen Europa heran und versetzten der Römerherrschaft, die bereits durch die Angriffe von Kelten, Germanen und Slawen ins Schwanken gekommen war, den Todesstoß. Wer sich den Hunnen nicht unterwarf wurde niedergemetzelt, egal, welcher Rasse er entstammte. Als 451 die Hunnen schließlich die Champagne erreichten und wie gewohnt über die lokalen Schätze herfielen, hielten sie wahrscheinlich den dortigen Wein für Nektar und die Keller fürs Paradies. Eine Koalition von Westgoten, Burgundern, Franken, Galliern und Römern vertrug das Getränk besser, massakrierte das besoffene Hunnenheer und rettete so die Geschichte Europas so wie wir sie kennen und lieben. Ohne die Bedrohung von Außen wäre damals niemandem eingefallen, ein gewisses Identitätsgefühl als Europäer zu empfinden.

Zutiefst froh darüber, dass sie Europa gerettet hatten, gründeten die Sieger ein franko-germanisches Reich, das man eigentlich als Ururahne der EU bezeichnen müsste. Es wurde aber noch nicht viel daraus, die "faulen Könige", wie sie treffender Weise genannt wurden, verbrachten ihre Zeit lieber mit einem vollen Humpen und einigen Beutemädchen auf dem Bärenfell.

Dreihundert Jahre später klopfte die Weltgeschichte wieder an die Tür. Zum Unterschied vom Christentum, das als Friedensbotschaft für die Menschheit begann, trat der Islam als Eroberer in die Geschichte ein. Genauer gesagt, er begann mit einer Welle von als göttlicher Auftrag begründeten Kriegen, um der Welt den Frieden zu bringen. Nach dem Zusammenbruch der Pax Romana ließ sich eine islamische Version wohl als gutes Argument verkaufen. Während diesmal der Südosten Europas, also Konstantinopel, dem Ansturm der Araber noch standhielt, konnten die aus Nordafrika kommenden verbündeten Araber und Berber siegreich nach Norden stoßen. Vielleicht fielen jedoch auch sie den Verführungen der französischen Weinkeller zum Opfer und so konnte Charles Martel die moslemischen Krieger bei Poitiers vernichtend schlagen.

Kein Mensch hielt damals Türken oder Araber für minderwertig. Minderwertige Völker kannte man gar nicht, es gab nur Völker die man besiegen konnte und solche die einen besiegten und das wechselte sowieso ständig. Aber man kann sich auswählen ob das moderne Europa aus dem Sieg in der Champagne oder dem von Poitiers hervorging. Von da weg jedenfalls ging es unaufhaltsam weiter auf dem Weg zur Vormachtstellung Europas in der Welt, wenn es auch nicht gleich erkennbar war. Die Hochkultur lag vorläufig noch in Konstantinopel, also ganz an der östlichen Grenze Europas und beim arabischen Reich in Bagdad, sowie in der moslemischen Hauptstadt des Westens, im iberischen Cordoba. Doch die angehenden Europäer lernten schnell.

Erste große Etappe war die Krönung Karls de Großen, eines Nachkommens von Charles Martel, zum römischen Kaiser. Karl der Große begriff am Beispiel der Araber und der Art wie sie ihre Eroberungen zu einem Weltreich organisierten, dass nur eine solide ideologische Grundlage dem noch aufzubauenden Reich dauernden Halt geben konnte. Man wusste zwar noch nichts von Ideologie, Religion diente aber dem selben Zweck. So führte denn auch er seine Kriege zur Ehre des richtigen und einzigen Gottes. Von da weg unternahmen Europas Herrscher ihre Kriege in Richtung anderer Kontinente stets im Zeichen des großen Ziels, was immer der Inhalt sein sollte. Häufig ging es ihnen einfach darum, die Seelen der Welt zu retten.

So glatt lief das allerdings nicht über die Weltbühne. Bei den radikal Ungläubigen, den Mohammedanern, kam Karl der Große kaum über die Pyrenäen hinaus. Mehr Glück hatte er bei den noch nicht so richtig Gläubigen, den Sachsen und Alemannen, Bayern und Italern, so dass er bald ein Reich hatte, dass seinen Ambitionen entsprach. Seine Nachkommen hatten dann allzu sehr mit dem Streit um die Erbschaft zu tun, um weiter zu erobern. Doch dann kam im März 1095 ein Gesandter des byzantinischen Basileus zur Synode von Piacenza, und bat wegen Gefährdung seines Reiches um christliche Hilfe. Hilfe nicht gegen den zu der Zeit eingeschlafenen islamischen Djihad, sondern gegen die kriegerischen, aus Zentralasien nach Vorderasien in den Herrschaftsbereich von Byzanz ziehenden seldjukisch-turkmenischen Stämme. Doch diese Motivation ließ sich schwer verkaufen und so griff acht Monate später Papst Urban II. auf dem Konzil von Clermont auf eine "erfundene Tradition" zurück und instrumentalisierte den Hilferuf zum ersten Kreuzzug gegen den Islam.

Schließlich, welch erhebendere Aufgabe konnte es für einen Christen geben als die heiligen Stätten dem Christentum zu erobern? Besonders wenn man auf dem Weg und am Ziel Reichtümer und schöne Mädchen erbeuten konnte und da oder dort eine Grafschaft oder gar Herzogtum. Sollte es sich dabei um sowieso schon christliches Land handeln, wie auf der schönen Insel Zypern etwa, oder hundert Jahre später bei der Eroberung des ganzen oströmischen Reiches, na, wer sieht denn schon so genau hin. Das Abenteuer jedenfalls lohnte sich für so manchen und festigte in der Vorstellungswelt der Europäer die Chimäre vom Helden der auszieht, um sich, wenn schon kein Reich, so doch eine Herrschaft zu erobern.

Vom Begriff der Rasse war man dagegen noch weit entfernt.

III.

Der gerade Weg von der Allmacht Gottes zum Protorassismus

Die Christenheit produzierte auch andere Ideen. St. Augustin bereits hatte sich den Kopf über die Allmacht Gottes zerbrochen. Delikat bei dem Thema war vor allem die Frage, was Gott mit dieser Allmacht denn tun könnte. Nach Thomas von Aquinus kam dann auch Calvin auf dieses Thema zurück. Er folgerte, dass Gott konsequenterweise von vorneherein entscheiden könne, wer im Himmel und wer in der Hölle landen würde.

Und so entwickelte sich Europa unaufhaltsam weiter. Nicht immer in Richtung Freiheit. Die Puritaner etwa sahen sich gezwungen, aus England nach Amerika auszuwandern um wirklich in Freiheit, fern von jeder monarchischen Willkür leben zu können. Dort wollten sie jedenfalls eine Gesellschaft gründen, in welcher der Mensch in Freiheit und Gleichheit nach dem Gesetz Gottes leben konnte.

Völker haben immer wieder versucht, andere Völker zu unterwerfen. Für die Unterlegenen war's traurig, aber die Versklavung war nicht das Schlimmste. Das Schlimmste für die Unterlegenen, das waren die Eroberungszüge zur Landnahme. Die Puritaner wollten das Land. Störend dabei waren demnach die Rothäute.

Diese Landnahme in Nordamerika war wohl das gigantischeste Unternehmen der Art in der Geschichte des Westens. Sie begann vor runden vier Jahrhunderten. In der Zwischenzeit haben sich die Ansichten der Erben der Puritaner etwas verändert. Heute gehen die Bemühungen in Richtung Emanzipierung der Ureinwohner, die noch in den Reservaten leben, dahin, sie zu freien Bürgern eines freien Landes zu erziehen. Wie das in der Praxis für einen solchen Reservatsbewohner aussah, das lässt sich an John Grayson ermessen und zwei Briefen seiner Freundin Ella Buck, die er 1953 im Farmgefängnis Oakalla, erhielt. Das Gefängnis befindet sich in der Nähe von Vancouver.

John Grayson lebt in einem Reservat im Norden Britisch Kolumbiens, an der Küste des Pazifik. Der Indianeragent und ein Posten der berühmten "Mounties", der ehemals rotröckigen berittenen Polizei Kanadas sorgen dafür, dass er und seine Stammesbrüder und -schwestern sich den kanadischen Gesetzen entsprechend verhalten und schließlich so zivilisiert

6

werden, dass sie zu Staatsbürgern erster Klasse aufsteigen können. Schließlich geht es den kanadischen Behörden nicht darum, irgendein rassistisches Mütchen zu kühlen, sie wollen das Beste für diese einfachen armen Menschen: Deshalb befindet sich John Grayson im Gefängnis, einfach aus dem Bemühend der Regierung heraus, Gutes zu tun.

John Grayson wurde wegen "gesetzlich als Vergewaltigung definierten Verhaltens" (statutory rape) zu 11 Monaten Gefängnis verurteilt. Die Verhandlung, erzählte mir John, hätte etwa zehn Minuten gedauert. Sie fand im Büro des Indianeragenten statt, ein Mounty sei als Richter daneben gesessen. Der Agent hätte John rufen lassen und ihn gefragt, wie alt die Ella sei. "Siebzehn" habe Grayson geantwortet. Dann hätte der Indianeragent gefragt ob John verheiratet sei. "Ja Sir", habe er geantwortet, seit drei Jahren, aber sie seien gleich wieder auseinander gegangen. Jetzt lebe sie mit einem Anderen. Der Polizeirichter hätte genickt und gefragt ob John in die Regierungsschule gegangen sei.

"Yes Sir", habe John gesagt.

Da hätten sie beide genickt, erzählt John Grayson, und der Polizeirichter hätte etwas von Gesetzen gesagt und vom Beitragen zum unzüchtigen Lebenswandel einer Minderjährigen.

Schließlich hätte er noch gesagt, dass John in die Schule gegangen sei und eine christliche Erziehung genossen habe und daher wissen musste, dass er ein Verbrechen begehe. Er betrachte aber sein Geständnis als mildernden Umstand und verurteile daher John Grayson im Namen der Königin Elisabeth nur zu elf Monaten Gefängnis. Dann habe der Indianeragent John wieder nach Hause geschickt.

Genau gesagt, zu Ella, ihren sieben jüngeren Geschwistern und ihrer Mutter kehrte er zurück. Ella Buck, das ist die minderjährige Freundin John Graysons. Ellas Problem liegt darin, dass ihr Vater beim Holzfällen in einem Camp der "British Columbia Development Co." von einem fallenden Baum erschlagen worden war. Nun stand die Mutter mit ihren acht Kindern mittellos da, denn wegen des Statuts der Bewohner des Indianerreservats war in solchen Fällen nicht die Firma für Folgen von Arbeitsunfällen zuständig, sondern der Indianeragent - also die Regierung - mit seinem Sozialbudget. Das war aber schon völlig ausgeschöpft, nur Milchpulver war noch da.

John Grayson, um die Dreissig und ein guter Fischer, hatte sich in den letzten zehn Jahren ein etwa neun Meter langes Fangboot mit einem Dieselmotor für die Küstenfischerei erwirtschaftet. Schon lange mit der Familie befreundet, tat er sich mit Ella zusammen, sie arbeitete auf dem Boot mit. Der tägliche Fang war groß genug um auch die sieben Geschwister Ellas und die Mutter zu ernähren. Darüber hinaus hielt er das Haus der Familie instand, lebte auch dort wenn er nicht fischte. Bis dem Indianeragenten die Unzüchtigkeit der Situation auffiel. In der "Oakalla Prison Farm" erhielt Grayson Anfang November 1953 folgenden Brief von Ella:

Hellow Dear,

nun, hier bin ich und versuche, Deine Briefe zu beantworten und Du scheinst niemals befriedigt von meinem Schreiben. Sagst immer es sind kalte Worte auf dem Papier und nur mit den Augen zu lesen. Machst mich glauben, es hat keinen Sinn zu schreiben, wenn Du so fühlst. Ich schrieb zwei Briefe am 5. Oktober und Du sagst ich schreibe nie. Am 12. Oktober schrieb ich nicht, denn ich musste Holz aus dem Wald holen. Es dauerte drei Stunden um Albert Siwallaces Lastauto zu laden, dann noch vierzehn Meilen Fahrt und dann das Entladen. Albert half, so viel er konnte. Es ist sehr hart für mich, die Einzige zu sein, die nach den Kindern sieht, Tag und Nacht und das ganze Wochenende. Ich weine mich immer in den Schlaf, denke an meinen Vater, als wir immer genug Holz hatten. Jetzt verkommt alles, niemand ist da um etwas zu reparieren am Haus, überhaupt, wie's mit mir steht, mit Trinken und so weiter. Es tut mit leid zu sagen, aber es ist nur, weil ich versuche, Dich zu vergessen.

Ich nehme an, wenn Du herauskommst, wird nicht mehr alles gleich sein mit Deiner Familie. Es ist nicht, dass ich Dich nicht liebe, es tut mir sehr weh all das zu sagen, genau wie Du es hasst, es dann in kalten Worten auf einem Stück Papier lesen zu müssen. Dein Bruder spricht niemals mit mir, auch Deine Schwester nicht. Aber wenn Dein Bruder betrunken ist, versucht er, mit mir auf gleich zu kommen. Weil ich schuld bin, dass Du in diesem Vogelkäfig bist. Es tut mir weh. Ich habe Dich nicht dort hingeschickt. Aber am meisten tut mir weh wenn er mich schwarz und blau wegen Dir schlägt. Was denkst Du, was ich da tat? TRINKEN ist das Beste, dachte ich mir. Aber es hat gar nichts geholfen.

Dein Bruder arbeitet jetzt in der Nähe von Natauka Falls, als Holzfäller bei der "B.C. Development Co." Am Wochenende kommen sie immer nach Hause. Die verdienen wenigstens noch etwas. Mutter, mit ihrer Schwindsucht, die verdient nie etwas und der Indianeragent ist zu hartköpfig um zu verstehen, dass Mutter eine Menge Kinder hat und keinen Mann mehr und ein Haus wie eine Windschutzwand. Es ist eine Schande, wirst Du sagen, wenn Du mit mir wohnen wirst in diesem Haus von Dreck. Ich glaube, es hat keinen Zweck für mich, zu heiraten, wenn ich doch Mutter mit den Kindern helfen muss. Ich versuche nur, Dir zu sagen, dass ich niemals so ein kleines Ungeheuer haben will, mit dem man immer gebunden ist und wegen dem ich dann nicht arbeiten gehen kann.

Nächsten Monat, das ist im November, werde ich im Spital arbeiten. Ich hoffe wenigstens. Der Doktor hat mir's fest versprochen und ich lass mich durch niemand davon abhalten. Sollen Mutter und die Kinder sehen, wie sie fertig werden. So muss man sein, ja, auch bei Dir hätte ich so sein sollen. Warum bin ich auch mit Fischen gefahren. Es ist nur meine Schuld, dass Du jetzt in diesem Vogelkäfig bist, nur meine Schuld. Jawohl.

Was immer Du von nun an von anderen Leuten über mich hörst, kannst Du ruhig glauben. Ich glaub auch gar nicht, dass Du Dir viel aus mir machst. Du tust nur so als ob Du mich liebtest. Ich tu Dir nur leid, weil wir keinen Vater haben und nichts zu essen, es ist nur Mitleid. Nächsten Brief will ich Antwort haben auf diese Frage. Wenn Du mich liebst, wirst Du die Wahrheit sagen.

Ella

Als John eines Abends von der Arbeit in den Feldern zurückkam, hielt er mir einen Brief hin. "Was soll ich jetzt tun?"

Der Brief war kurz.

"Dearest Friend.

Immer seit Du weg bist, dachte ich darüber nach, was das Leben wohl sein würde für uns beide. Aber ich habe nicht das Recht, das zu sagen. Ich denke ich sollte vorher überlegt haben, bevor ich jemand etwas verspreche in dieser Welt der Zivilisation. Es tut mit weh zu denken, was ich alles versprochen habe, wo ich doch jedes Versprechen gebrochen habe, es ist eine Schande. Ja, ich bekomme ein Kind von einem anderen Mann. Ich muss schließen jetzt, ich hoffe, Du nimmst es nicht zu schwer. Ich muss schließen jetzt, alles Gute wünscht Dir Deine Freundin
Ella Buck"

Vielleicht gehören Indianeragent und Polizeirichter zu jenen, die nichts sehnlicher wünschen als die schnelle Emanzipierung ihrer Schäfchen, so dass sie als freie Bürger in einem freien Land leben können. Doch es ist die vielhundertjährige Tradition der Landnahme des nordamerikanischen Kontinents durch europäische Siedler, welche ihre Art bestimmt, die Menschen um sie zu sehen. Sicher würden sie jede Anschuldigung von rassistischer Haltung entschieden zurückweisen. Sie sind auch wirklich keine Rassisten im modernen Sinn. Wie wir alle sind auch sie sich nicht bewusst wie sehr ihr Verhalten in der Gegenwart seine Wurzeln in der Vergangenheit ihrer Gesellschaft hat.

Die landhungrigen Puritaner die an den Gestaden des Neuen Kontinents landeten suchten als kompromisslose Christen Handlungsanweisungen in der Bibel. Da gab es etliches für sie, besonders bei Moses, der, immer nach der Bibel, gerne die Strategie der radikalen Lösung anwendete.

Moses hatte natürlich den Vorteil, dass ihm Gott höchstpersönlich grünes Licht für alle seine Taten schaltete. So sehr jedoch die Puritaner überzeugt waren, das neue auserwählte Volk zu sein, als zutiefst moralische Menschen konnten sie nicht einfach das tun wonach sie sich so sehr sehnten, nämlich diese unnützen Rothäute vom begehrten Erdboden vertilgen. Erst die Erleuchtung eines Schülers von Calvin, eines gewissen Theodor Beze, gestattete ihnen, die Endlösung ihres Problems in Angriff zu nehmen. Wie seine Zeitgenossen sah auch Beze mit an, wie oft nur ein paar Dutzend europäischer Abenteurer riesige Länder eroberten und Völkerschaften unterwarfen. Ausgehend von Calvins Schluss, dass Gott von vorneherein entscheiden könne, wer in den Himmel und wer in die Hölle kommen werde, klügelte sich Beze aus, dass Gott sich doch etwas dabei gedacht haben musste wenn er die eine Völkerschaft schwarz, die andere rot und womöglich noch gelb und braun angepinselt habe und dann immer die Weißen gewinnen ließ. Es war hellen Köpfen wie ihm vorbehalten, dieses Rätsel zu deuten: ganz klar, Gott wollte damit zeigen wer für Hölle und Fegefeuer bestimmt war, zur höheren Ehre der Gläubigen mit der richtigen Hautfarbe!

Es wurde damit eigentlich schon zur frommen Tat, die Erde von diesen Geschöpfen der Hölle zu befreien.

Erleichtert im Bewusstsein, nun moralisch handeln zu können und trotzdem ihr Ziel zu erreichen, konnten die Puritaner ihre zivilisatorische Aufgabe fast bis zu Ende führen - fast, nicht ganz. Sicher, der Indianeragent und der Polizeirichter wissen nichts von den Thesen eines Beze, sie haben noch nie seinen Namen gehört. Tatsächlich befinden sie sich in einer etwas schizoiden geistigen Lage. Wenn auch Untertanen der britischen Krone sind sie doch Teil des von den Puritanern geschaffenen Kulturraums. Damit ist ihre Mentalität nicht nur von der Bezeischen Version des Calvinismus geprägt, sondern auch vom kompromisslosen Freiheitswillen der "Founding Fathers".

Prinzipien haben eine eigenartige Lebenskraft. Während in der amerikanischen Unabhängigkeitserklärung eine geschickte Kurve gezogen wurde um die Rothäute auszuschließen:

"...(Der englische König) hat versucht, die barbarischen Indianer deren bekannte Art, Krieg zu führen eine blinde Zerstörung jeden Alters, Geschlechts und Zustands darstellt, gegen die Bewohner unserer Grenzen aufzuwiegeln..."

proklamierte sie die andere Leitidee der Puritaner, die Gleichheit aller Menschen und ihr Recht, ihr eigenes Schicksal zu bestimmen:

"...Wir halten es für eine offensichtliche Wahrheit, dass alle Menschen gleich geschaffen wurden, dass ihr Schöpfer ihnen bestimmte unveräußerliche Rechte gegeben hat, wie das Recht auf Leben, das Recht auf Freiheit und das Recht nach dem persönlichen Wohlergehen zu streben.

- Um diese Rechte zu bewahren sind Regierungen eingerichtet, die ihre Macht aus der Zustimmung der Regierten erhalten ..."

(Aus der amerikanischen Unabhängigkeitserklärung vom 4.. Juli 1776.)

Diese Überzeugung von der Gleichheit der Menschen stellte sich sehr bald in unüberbrückbaren Gegensatz zur puritanischen Auffassung vom unterschiedlichen Wert der Menschen. Schön langsam kam es dadurch zum Bürgerkrieg, zur Abschaffung der Sklaverei, zum Schutz der Reste der indianischen Völker und schließlich zum Völkerbund und den Vereinten Nationen. Es mag stimmen, dass in der Vorstellungswelt der "Founding Fathers" die Gleichheit nur für Weiße gelten würde, aber so klar war das nirgendwo offiziell ausgedrückt.

Weiter im Süden des Neuen Kontinents hatten die Spanier als gute Katholiken nicht ganz die gleiche Sicht der Dinge. Wohl billigten sie den Eingeborenen das Recht zu, Christen zu werden wie Europäer. Schließlich waren ja auch die europäischen Leibeigenen Christen. Sie selber richteten sich jedenfalls als Aristokraten der neuen Königreiche ein.

Dass die südamerikanischen Rothäute nur Leibeigene und nicht Sklaven wurden, hatten sie Karl dem V. zu verdanken, der mit Edikt verbot, Indianer zu versklaven.

IV.

Jeder Kultur ihr handgestrickter Rassismus

Die Eroberungen Nord- und Südamerikas stellen die beiden erwähnten Formen - Landnahme oder Unterwerfung eines Volkes - dar, die man überall in der Welt und zu allen Zeiten findet. Schon die Bibel zeigte, wie man es macht, wenn man das Land besiegter Stämme haben möchte. Man denkt meist an bestimmte Völker, die sich durch besondere Brutalität bei der Unterwerfung, Versklavung oder Ausrottung anderer Völker auszeichneten. Die Gewohnheit mag einen dazu bringen, diese Herrschervölker als von Natur aus bösartig und rassistisch zu bezeichnen. Das wäre aber eine Art von umgekehrtem Rassismus, der genau so wenig berechtigt ist wie der echte Rassenwahn. Das Beispiel eines Volkes, das selber unter Unterdrückung und Rassismus litt zeigt, dass jedes Volk in herrschender Stellung versucht ist, Gefühle und Überzeugungen rassistischer Natur zu entwickeln um Privilegien abzusichern. Hier ein Auszug aus meinem Dokumentarfilm "Die Pygmäen", gedreht 1971 im Nordkongo.

"Im Schatten eines alten Baumes in der Mitte des Dorfes Kitoko, gelegen am Ubangifluss im Norden Kongos, reckt sich genüßlich Herr Okemba, ein Staatsangestellter tätig in Brazzaville, der Hauptstadt des Kongo. Er verbringt seinen Jahresurlaub im Heimatdorf. Jean Numaz, der Palmweinzapfer, bringt eine Kalebasse voll frischen Palmweins. Der leicht angegorene süße Palmsaft ist ein Mittelding zwischen Wein und Fruchtsaft, reich an Vitaminen und Mineralien und ideal dazu geeignet, im Urlaub neue Kräfte zu gewinnen.

"Amtmann Mongo ist gekommen," informiert Numaz Herrn Okemba. "Er wird gleich hier sein."

"Der schon wieder," murrt Okemba. Aber da kommt Mongo schon, mit einem Rattenschwanz von neugierigen Kindern und auch erwachsenen Dörflern hinterher. Ein Bub bringt einen weiteren Lehnstuhl.

"Guten Morgen!" ruft Herr Okemba. "Was für eine Freude, den Amtmann zu sehen ..." Er mustert den Amtmann misstrauisch.

"Guten Morgen, guten Morgen," grüßt Amtmann Mongo freundlich und schwer atmend ob des langen Anstiegs vom Flussufer. Er setzt sich in den höflich dargebotenen Lehnstuhl.

Eine Weile gehen Floskeln über Gesundheit, Familie, sonstiges Wohlergehen und die Freude hin und her, im Heimatdorf das wahre gute alte

Leben wieder zu finden. Schließlich räuspert sich Amtmann Mongo.

"Übrigens, da ist diese Sache mit den Pygmäen. Sie wissen ja, dass unsere Regierung beschlossen hat, es dürfe keine Sklaverei der Pygmäen mehr geben. Und Sie wissen natürlich besser als die unkultivierten Bauern hier, dass Pygmäen Kongolesen sind wie alle anderen Einwohner des Kongo. Also darf man sie nicht mehr als Sklaven behandeln. Man muss sie für normale Arbeiten wie normale Bürger anstellen mit normalem Lohn und außerdem soll man ihnen einen Teil der Felder überlassen. Ich möchte, dass Sie hier als gebildeter Mensch mit gutem Beispiel vorangehen."

Herr Okemba gibt ein gequältes Stöhnen von sich. Er kann sich Freiheiten leisten, denn in der Hierarchie der Staatsangestellten steht er um sehr vieles höher als Mongo. "Sie fangen schon wieder mit den Pygmäen an," antwortet er schließlich. "Pygmäen, Pygmäen, Sie wissen ganz genau dass das keine Sklaven sind! Ich habe sie von meinem Vater geerbt, sie sind mein Eigentum." Vor Erregung wechselt er aus dem vornehmen Französisch ins geläufigere Lingala und wieder zurück. "Mein Vater war ein ehrlicher Mann, er hat immer gut gesorgt für seine Pygmäen. Sein Vater genau so und ich, also wer kriegt meine Hemden und Hosen? Die Pygmäen. Wer kriegt immer wieder Zigaretten von mir? Die Pygmäen! Staatsbürger! Lassen Sie mich doch in Ruhe mit diesem Unfug. Ich weiß ganz genau wer in der Regierung diese Geschichten aufs Tapet bringt und warum. Die verstehen doch nichts von den Verhältnissen hier."

"Aber Herr Okemba," versucht Mongo den Erregten zu überzeugen. "Sie wissen doch, dass alle Kongolesen gleichberechtigte Bürger sind und Bürger kann man nicht im Eigentum haben."

"Wir reden hier von Pygmäen."

"Ja, aber die sind auch Staatsbürger, Kongolesen. Ihr Vater hat sie ja nicht gemacht, da können sie nicht Eigentum sein. Sie haben alle normalen Bürgerrechte, wie wir auch!"

"Blödsinn," knurrt Okemba. "Die verstehen das doch nicht. Sie sind sehr zufrieden mit ihrem jetzigen Leben. Die haben überhaupt kein Verständnis für solche Ideen, die sind ja nicht wie wir. Lass die in der Natur los und sie werden sehen, die klettern wieder auf die Bäume. Schlimmer noch, die werden sich gegenseitig zerfleischen! Wir bringen ihnen Kultur und ein zivilisiertes Benehmen, wir lehren sie, wie man sich als Mensch benimmt."

Verlegen von der Heftigkeit Herrn Okembas versucht Amtmann Mongo bei höflicher Diskussion zu bleiben. "Schon, schon, ein kongolesischer Staatsbürger hat einfach einen verfassungsrechtlichen Anspruch auf bestimmte Dinge. Gerechte Bezahlung für seine Tätigkeit, alles was wir von den Kolonialisten unter großen Opfern errungen haben.”

“...jetzt lassen Sie mich aber in Ruhe. Sie kommen nur her um mich mit dieser Pygmäengeschichte zu provozieren. Meine Pygmäen geb‘ ich nicht her, das gibt es nicht, das gibt es nicht. Und damit Schluss mit dem Thema.”

Sicher, Herr Okemba hat seine Argumente nicht erfunden, oder richtiger, die gleichen Argumente werden in der gleichen Situation immer wieder von Neuem erfunden. Übrigens haben alle Eroberer ein gemeinsames Problem, durch die langsame Vermischung mit den Unterworfenen verliert ihre eigene Gruppe langsam das Machtmonopol.

Meist bilden die Eroberer eine aristokratische Gesellschaftsklasse. In West- und Südeuropa eroberten Goten und Lombarden Italien, die Normannen Westfrankreich und England, die Westgoten Spanien und die Franken Frankreich. Sie stellten überall die herrschende Klasse dar, die Aristokraten. Prinzipiell sollte der Aufstieg den Unterworfenen durch meist ungeschriebene Gesetze verwehrt bleiben. Aber das Prinzip wurde stets verwässert, denn die Könige hatten immer die Neigung, treue Diener in den Adelsstand zu erheben. In Indien fanden die Eroberer eine wirksamere Methode um Macht und Reinheit der Rasse zu bewahren. 2.000 Jahre später scheint die Apartheid auf religiöser Grundlage immer noch nicht überwunden zu sein. Im vorigen Jahrhundert jedenfalls fand der englische Geschichtsschreiber Henry Thomas Buckle in Indien folgende Situation vor:

“Der großen Masse des Indischen Volks hat man den Namen Sudras gegeben und die einheimischen Gesetze enthalten einige kleinliche und sonderbare Bestimmungen über sie. Wenn einer aus dieser verachteten Klasse sich herausnahm denselben Sitz einzunehmen, wie seine Oberen, so sollte er entweder mit einem Brandmal auf dem Hintern verbannt werden oder der König soll ihm einen Schlitz in den Hintern machen lassen. Wenn er verächtlich von ihnen sprach, so sollte ihm der Mund verbrannt werden; wenn er ihn wirklich beleidigte, so sollte ihm die Zunge aufgeschlitzt werden; wenn er einen Bramanen belästigte, sollte er mit dem Tode bestraft werden; wenn er sich mit einem Bramanen auf demselben Teppich nieder ließ, so sollte er für immer gelähmt werden; wenn er aus Lernbegierde auch nur ein heiliges Buch vorlesen hörte, so sollte siedendes Öl in seine Ohren gegossen werden; wenn er sie aber auswendig lernte, so sollte er getötet werden; wenn er eines Verbrechens schuldig war, so wurde er härter dafür bestraft, als die höher stehenden; sollte er aber selbst ermordet werden, so war die Strafe die nämliche, wie für die Tödtung eines Hundes, einer Katze oder einer Krähe. Sollte er seine

14

Tochter an einen Braminen verheiraten, so war keine Vergeltung, die ihm
in dieser Welt auferlegt werden konnte hinreichend; es wurde daher ver-
ordnet, dass der Bramine zur Hölle fahren müsse, weil er durch ein Frau-
enzimmer, das so unermesslich unter ihm stehe, befleckt sei. ..." (Buckle,
Geschichte der Civilisation Bd 1/1, Seite 68ff, deutsch Leipzig 1864)

Die Sudras, das ist eigentlich die Kaste der Handwerker. Den kastenlosen Harijan oder Parijan, den Parias geht es noch schlimmer. "Harijan" ist
ein Tamulwort und es handelt sich sehr wohl um ein System der Rassen-
trennung, wenn auch das Wort "Rasse" den Brahmanen unverständlich
gewesen wäre. Die Brahmanen, das sind mit den Ksatriyas, den Kriegern,
die Erben der einstigen arischen Eroberer, die kastenlosen Parias die
Nachkommen der dunkelhäutigen Tamulen oder Draviden. Ähnlich wie
bei den Puritanern war auch bei den Hindus die Begründung ihres Vorgehens religiöser Natur.

Die Kastengesetze wurden 1947 anlässlich der Unabhängigkeit abgeschafft. Im täglichen Leben bestimmen sie immer noch die menschlichen
Beziehungen. Nur auf religiöser Ebene kann der Inder ihnen entgehen,
indem sich sich einer Religion wie der Jaina, dem Buddhismus oder dem
Christentum anschließt. Zwar wird er damit zum "Kastenlosen", doch
kann er auf die Hindu von der höheren Warte einer eigenen Religion her-
abblicken.

V.

Europa entdeckt in sich den Übermenschen

Völker streiten sich und versöhnen sich wieder, sie lieben sich heute und hassen sich morgen, aber insgesamt läuft das unter Gleichen ab. Wertunterschiede sucht man eher auf Klassen- oder Kastenniveau. Auch die Hindus rechtfertigten ihr System nicht ethnisch, sondern religiös auf Grund des von den Göttern gegebenen Wertes dieser und jener Schichte der Bevölkerung. Doch wenn es auch noch keinen Rassismus gab, von einem liebevollen Nebeneinander der Völker war man weit entfernt. Man spricht immer vom Mittelalter als einer Zeit in der die Sklaverei in Europa durch ein System der Leibeigenschaft ersetzt wurde. Dabei wird ganz vergessen, dass im Süden Venedig und im Westen Verdun jahrhundertelang blühende Sklavenmärkte waren. In Rouen wurden Friesen und Skandinavier verscherbelt, welche die Normannen auf ihren Raubzügen nach Norden erbeuteten, in Venedig und Verdun vor allem Slawen. Die "Riva dei Schiavoni" (Strand der Sklaven) in Venedig erinnert noch daran. Das Wort "Sklave" stammt im übrigen aus dieser Zeit. Ganze Herden vor allem von Frauen und Kindern wurden so durch halb Europa getrieben, die Männer kamen bei den Raubzügen zum Großteil um. Das Geschäft wurde kurz vor der Jahrtausendwende von Kaiser Otto I. zur Blüte gebracht, besonders was die Slawen betraf. Käufer waren Aristokraten und vor allem Aufkäufer der Emire aus Spanien, Nordafrika und dem Nahen Osten.

Während der Kreuzzüge schlug man sich mit den Ungläubigen herum aber niemand kam auf den Gedanken, die Araber als minderwertige Menschen zu betrachten; schließlich zog man oft genug den Kürzeren und was Kultur und Wissenschaft betraf, so waren die Christen Mittel- und Westeuropas die reinsten Barbaren im Vergleich zu den Arabern.

Nur auf dem Dauerkreuzzug der iberischen Halbinsel konnten sich die Christen langsam durchsetzen. Die Siege der Araber und Türken in den Jahrhunderten nach den Kreuzzügen verschlossen dagegen den italienischen Schiffen weitgehend die Levante. Aus war's mit den lukrativen Kreuzfahrertransporten und dem Monopol für den Handel und Transport der Produkte des Orients. Was aber tun mit dem überschüssigen Schiffsraum und den arbeitslosen Seeleuten?

So gefahrvoll der Schiffahrtsweg an Nordafrika vorbei und durch die

Meerenge von Gibraltar hindurch auch sein mochte, so konnte sich doch ein nicht unbeträchtlicher Verkehr zwischen den italienischen Häfen und Nordwesteuropa entwickeln. Aber im Konkurrenzkampf mit den englischen und nordeuropäischen Händlern wurde den Südeuropäern nichts geschenkt. Die Leute aus dem Norden hatten im übrigen Schiffe, welche dem rauhen Atlantik besser gewachsen waren. Nach dem französischen Historiker Jean Braudel kam es in den Werften rund um die Biskaya zur Synthese zwischen den widerstandsfähigen Schiffskörpern des Nordens und der italienischen Technik mit mehreren Masten und reichlicher und wirksamerer Besegelung. Das Ergebnis war jedenfalls ein verhältnismäßig großes und schnelles Schiff, das auch atlantischen Stürmen widerstehen konnte.

Mit derartigen Mitteln konnte es nicht ausbleiben, dass jemand auf die Idee kam, Schiffe mit fähigen Seeleuten zu bemannen und sie über das Cabo del Fin do Mundo, dem "Kap des Weltendes" hinaus zu senden, zur Ehre Gottes und Heinrich des Seefahrers, seines Zeichens erfolgreichster Gewürzhändler des Jahrhunderts und dazu noch portugiesischer König.

Diese ins Ungewisse vorstoßenden Abenteurer sahen in den Völkern auf ihrem Weg nichts anderes als eben fremde Völker mit denen man irgendwie auskommen musste. Wie schon durch Jahrhunderte in der Levante bestand das Handikap der Europäer immer noch im Mangel an Waren, die für die Herrscher der anderen Kontinente genügend attraktiv waren. Lange Zeit hindurch arbeiteten daher die portugiesischen und später auch holländischen und spanischen Schiffe im Frachtgeschäft zwischen den asiatischen Reichen. Es dauerte im Schnitt zwei Jahre bis sie mit Handel zwischen den asiatischen Häfen genügend verdient hatten, um ein Schiff mit den begehrten Produkten des Orients füllen zu können. Alles war für sie interessant, von den Gewürzen bis zur Seide. Da war noch keine Rede davon, als Kolonisator aufzutreten, um sich systematisch Reichtümer mit Gewalt anzueignen.

Der schwierigste Teil der Reise war stets das Umschiffen Afrikas. Immer wieder fiel ein Teil der Besatzung den verschiedensten unbekannten Krankheiten zum Opfer, gegen welche die Europäer keine Abwehr hatten. Die Überlebensrate dieser Reisen ins Ungewisse lag im Schnitt bei 15 bis 20% der ursprünglichen Mannschaft, die dann im Verlauf der Reise mit Asiaten und Afrikanern wieder aufgefüllt werden musste.

Aber ganz war die Verbindung zum Orient auf dem Landweg nicht abgebrochen. Das Zuckerrohr etwa kam zu dieser Zeit auf seinem langsamen Vordringen von Indien nach Westen bis ins Mittelmeer, vorerst nach Kreta. Für die extrem harte Arbeit in den Zuckerrohrfeldern wurden Sklaven verwendet. Auf Seiten der Christen ebenso wie der Sarazenen gab es genug davon. Die gegenseitigen Überfälle lieferten regelmäßig Nachschub und in ruhigeren Zeiten konnte man ja auf die Sklavenmärkte zurückgreifen. Aber das war vorläufig alles nur Bastlerei, denn noch gab es keine Sklavenrasse.

1442, ganz zu Beginn dieser Entwicklung erbeutete Antam Gonsalves, ein Korsar, also einer dieser mit königlichem Patent operierenden Seeräuber, einige maurische Würdenträger. Solche Leute als Sklaven zu verkaufen, lag natürlich nicht drin. Entweder verlangte man Lösegeld oder aber man brachte sie mit Komplimenten zurück. Das tat auch sein Chef Heinrich der Seefahrer, er beschenkte die maurischen Würdenträger und ließ sie durch Gonsalves wieder zurückbringen.

Das Gegengeschenk bestand in 10 Sklaven aus Schwarzafrika und einem Säckchen Goldstaub. Das waren die ersten schwarzen Sklaven welche nach Portugal kamen.

Es waren nur zehn Sklaven, aber es gab da einen qualitativen Unterschied, der wirtschaftliche und vor allem unmenschliche Früchte zeitigen sollte. Bisher waren Sklaven Teil der Beute von Raubüberfällen auf Gegenseitigkeit. Das hieß also, wenn man Pech hatte, konnte man das nächste Mal selber der Sklave sein. Es gab genügend Fälle, wo jemand sich selbst als Sklave verkaufte um eine wirtschaftliche Katastrophe von seiner Familie abzuwenden. Kurz, Sklave zu sein war also vorerst eine Frage des Glücks oder Pechs im Leben.

Die schwarzen Sklaven von der Guineaküste dagegen, die konnte man für Waren aus eigener Erzeugung wie irgendeine andere Ware eintauschen. In anderen Worten, sie waren einfach Ware, menschliche Ware, mit der sich handeln ließ. Langsam aber sicher sollte diese neue Wirklichkeit seine Spuren in der europäischen Mentalität hinterlassen.

Jedenfalls halfen diese Sklaven und der Goldstaub Heinrich dem Seefahrer dabei, auf die Idee zu kommen, erst einmal Schiffe die afrikanische Küste runter und, sollte sich dies als möglich herausstellen, weiter in den Orient zu schicken. Eigentlich sollte der Ruhm Heinrich des Seefahrers nicht so sehr in seinen Erfolgen als Gewürzhändler bestehen. Hat er in seiner Eigenschaft als Erfinder des europäischen Handels mit schwarzen Sklaven nicht Anrecht auf einen ganz besonderen Platz im Ruhmesblatt der europäischen Neuerer?

Die Menschen jedenfalls vergleichen ihre Erfahrungen und versuchen, Lehren daraus zu ziehen. Die Entdeckung, dass es an der afrikanischen Küste Goldstaub und schwarze Sklaven billig zu kaufen gab, zusammen mit der Erkenntnis, dass die Schwarzen weit härter im Nehmen waren, gab den Kapitänen der portugiesischen Handelsschiffe und ihrem Auftraggeber zu denken. Die Investition in die Schiffe musste nicht nur rentabilisiert werden, das musste vor allem vor dem nächsten Schiffbruch geschehen.

Das Vorhandensein der Ware "Sklave" bedeutete mehr als einfach billige Arbeitskräfte. Zu der Zeit kam ja mit dem Zuckerrohr aus Indien ein neues Produkt nach Südeuropa. Für den Intensivanbau genügten die Sklaven nicht die zufällig links und rechts erbeutet werden konnten. Schwarze Sklaven konnten dagegen bei der Planung eines intensiven Zukkerrohranbaus im Vorhinein bestellt werden.

Es fehlte übrigens nicht viel und den Indianern Südamerikas hätte das gleiche Schicksal geblüht. Gab es nicht im soeben entdeckten Amerika jede Menge Arbeitskräfte? Christoph Kolumbus wollte massiv in dieses lukrative Geschäft mit 500 Indianern einsteigen, die er auf den Sklavenmarkt von Sevilla schickte. Zuerst bekam er auch eine Verkaufserlaubnis. Angesichts der Berichte über Massenschlächtereien der indianischen Bevölkerung zog jedoch Isabella die Katholische die Lizenz zurück und befahl, die Gefangenen wieder nach Amerika zurück zu bringen. Also musste man sich doch nach Afrika wenden, um die Arbeitskräfte für Plantagen und Bergwerke zu finden.

Im Jahr 1502 erhielt Nicolas de Ovande, der spanische Gouverneur von Haiti die Erlaubnis, schwarze, in Spanien geborene Sklaven zu importieren. Der massive Sklavenhandel begann dann 1516 mit dem Privileg jährlich 4.000 schwarze Sklaven in die Karibik zu importieren, das Karl I. einem flämischen Günstling zugestand. Dieser verkaufte die Lizenz gleich an einen genuesischen Händler weiter und damit hatte die unheilvolle Geschichte des Handels mit schwarzen Sklaven begonnen. Als Kaiser Karl der V. verschlimmerte der Monarch, der mit sechzehn Jahren seine Karriere als König Karl I. von Spanien begonnen hatte, das Schicksal der Afrikaner durch sein Edikt der Gnade. Er ging über die Haltung seiner Mutter hinaus in dem er strikte verbot Indianer seines Reiches je als Sklaven zu behandeln. Den Plantagenbesitzern blieben also nur die Schwarzen aus Afrika für ihre Zwecke.

In Amerika, ebenso wie in Afrika, stießen die Europäer auf militärisch schwache Bevölkerungen. Im Unterschied zu Afrika fanden die Europäer in Amerika jedoch ein einigermaßen günstiges Klima vor. Hier konnten sie ihre Herrschaft einrichten. Mexiko und dann der ganze restliche Neue Kontinent wurden erobert. Die Europäer wurden zu absoluten Herren von Völkern, die durch ihre Hautfarbe ganz klar unterschiedlich gekennzeichnet waren. Von da weg änderten die Europäer langsam aber sicher ihre Idee von den anderen Rassen.

Der Mensch ist jedoch ein höchst moralisches Wesen. Wenn es darum geht, für eine längere Periode hindurch zu plündern, zu massakrieren und zu vergewaltigen, dann braucht er eine solide moralische Rechtfertigung, um guten Gewissens weitermachen zu können.

Die Landnahme, verbunden mit dem Genozid in Nordamerika, der Unterwerfung der Bevölkerung des südamerikanischen Kontinentes, der Versklavung von Millionen Afrikanern, dieses gigantische und absolut einzigartige europäische Unternehmen musste früher oder später die entsprechende Rechtfertigung heraufbeschwören. Ansätze gab es bereits. In Genf wurde die sehr eigenartige Interpretation der Vorausbestimmung entwickelt. Im spanischen Südeuropa, in Toledo, da kam man nur schwer um den katholischen Universalismus herum. Den Ausweg erfand man mit dem "lei del sangre", dem Gesetz des Blutes anläßlich der Zwangstaufen von Juden im Rahmen der Inquisition. Dem Getauften sprach man die meisten Rechte ab, wenn es mit dem Blut nicht stimmte.

Die Weichen für die weitere Entwicklung waren so gelegt. Niemand jedoch konnte die leiseste Ahnung haben, wo die Fahrt noch hingehen würde.

VI.

Die Tausend und eine Nacht des Internationalen Handels

Seit jeher stellen die Juden einen besonderen Fall dar, wenn man über die Beziehungen zwischen den Völkern spricht. Über die längste Zeit hinweg kennt man sie als Verfolgte, beginnend mit Moses und der Flucht aus Ägypten, über Verschleppung nach Babylon, die Vertreibung durch die Römer und über zweitausend Jahre hinweg die christlichen Pogrome bis schließlich die Nazis in Aktion traten, mit ihrem System der industriellen Vernichtung der Juden.

Um so mehr ist die Welt irritiert, wenn Nachrichten über die unfaire Behandlung von Palästinensern aus Israel kommen. Gestern etwa im französischen Fernsehen die die verzweifelten Gesichtern von palästinensischen Bauern, die plötzlich von ihren Heimstätten vertrieben werden. Begründung gibt es keine, die israelische Armee taucht auf, reißt alle Habseligkeiten der Bauern aus den Wohnstätten. "Ihr müsst weg", ist alles, was man ihnen sagt. Das Gebiet ist eben jetzt Sperrgebiet. Wahrscheinlich, bemerkt der Kommentator, soll das Gebiet mit jüdischen Neuansiedlungen Israel einverleibt werden.

Derartige Vorgänge sind an sich ja typisch für alle Landnahmen der menschlichen Geschichte. Aber wenn es sich um Israel handelt, schokkiert es mehr als anderswo. Tatsächlich will die Weltgemeinschaft heute nirgendwo diese Art von primitiver Landnahme dulden. Im Kosovo entfesselte der Westen einen Krieg, um dergleichen zu verhindern. In Bezug auf Israel und die Juden geht man zwar nicht so weit. Doch was stört ist vor allem der Gegensatz zwischen dem Bild von einem humanistischen Volk, das die Verteidiger der Juden stets hatten und dem Vorgehen von der obigen Art. Tatsächlich haben auch Juden nur die üblichen Vorzüge und Fehler des Restes der Menschheit. Man sieht das sehr gut im Alten Testament und seiner Geschichte.

So geht etwa Moses in der Bibel gar nicht zimperlich mit seinen Feinden um, gleichgültig ob es sich um Juden handelte:

"Er sagte ihnen: So spricht der Ewige, der Gott Israels. Dass jeder von sein Schwert gürte, durchquert das Lager von einem Tor zum anderen und dass jeder seinen Bruder, seine Eltern töte. Die Kinder Levis taten, wie ihnen Moses geheißen, rund dreitausend Männer unter dem Volk kamen an diesem Tag ums Leben." (Exodus 32 - 27 und 28)

oder um Gojim:

"Und Moses wurde auf die Kommandeure der Armee wütend, die Führer der Tausendschaften und der Hundertschaften, die von der Expedition zurückkamen. Er sagte ihnen: Habt ihr die Frauen leben lassen? Jetzt geht und tötet alle männlichen Kinder und tötet alle Frauen, die mit schon einem Mann geschlafen haben. Für euch selber könnt ihr alle Mädchen behalten, die noch unberührt sind." (Deuteronom, Zahlen 31, 14 bis 18)

Stalin hat sicher mehr Menschen wegen ideologischer Sünden umbringen lassen, als Moses beim Goldenen Kalb. Prozentmäßig auf die Bevölkerung aufgerechnet, würde ihn Moses, so wie er im Alten Testament geschildert wird, um Längen schlagen. Was den Genozid betrifft, so waren das wohl Sitten bei Artaxerxes, dessen jüdischer Schreiber Ezra für diese Version des Alten Testaments zeichnet.

Doch wie immer, hinter diesen Massakern stand sicher kein Rassenhass, denn Moses hatte dafür nichts über. Trotz der mehr oder weniger heftigen Ablehnung durch seine Schäfchen blieb er seiner äthiopischen Gattin Sephora treu:

"Maria und Aaron sprachen gegen Moses wegen seiner äthiopischen Frau, die er genommen hatte, denn das hatte er getan." (Zahlen, 12, 1)

Das heißt ja wohl, dass Aaron, der schon bei der Affäre mit dem Goldenen Kalb gegen Moses gewiegelt hatte halt versuchte, Moses auf andere Weise zu schädigen.

Gott, der ja immer leicht wütend wurde, bestrafte Maria, Moses' Schwester, mit der Lepra. Moses dagegen, gar nicht so blutdürstig und rachelustig wie an anderen Stellen, war ja schließlich "Geduldig, geduldiger als irgend ein Mensch auf Erden". Er bat Gott sie doch in Ruhe zu lassen. Was wohl jeder von uns getan hätte, denn war es nicht Aaron, der hetzte?

Die Nachbarn dieses quirligen Volkes versuchten schon früh, sich eine Meinung von ihm zu bilden. So etwa ein gewisser Strabo, ein sehr neugieriger Grieche, der einige Jahrzehnte vor unserer Zeitrechnung Palästina besucht und auf seine Weise erforscht hatte. Im Buch XVI seiner monumentalen "Geographica" schreibt er, man habe ihm an der Küste zwischen Tyros und Ptolemais ein merkwürdiges und seltenes Ereignis geschildert. Anläßlich einer Schlacht zwischen den Ptolemäern und dem Kriegsherren Sarpedon seien die Geschlagenen von einer Welle aus dem Meer überrascht worden und alle ertrunken. Eine ähnliche Erscheinung habe es schon mehrmals beim Berg Casium am Karawanenweg nach

Ägypten gegeben. Anlässlich eines Erdbebens werde das Meerwasser von der Partie, die sich hebe, nach innen getrieben. Aber nachher nehme die Erde wieder ihre alte Form an und das Wasser fließe wieder zurück.

Das Gebiet im Westen von Judäa gegen den Berg Casium zu werde von den Idumäern bewohnt. Anläßlich eines ihrer Aufstände seien sie verjagt worden, hätten sich aber dann den Juden in der Gemeinschaft des mosaischen Gesetzes angeschlossen. Vom Hafen Joppe könne man bereits Jerusalem sehen, das Gebiet bis dahin sei von verschiedenen Stämmen bewohnt, von Ägyptern, Arabern und von Phöniziern.

Auch in Bezug auf den Tempel hat er Merkwürdiges zu schildern. Nach dem, was ihm die dortigen Einwohner erzählten, war Moses ein großer Priester in Ägypten, dem viele Ländereien gehörten. Er habe das Land mit seinen Anhängern verlassen, weil er nicht mehr mit den dortigen Verhältnissen einverstanden war. Viele Menschen kamen mit ihm, die bereit waren, den Einzigen Gott anzubeten. Moses sagte ihnen, die Ägypter irrten sich, wenn sie die Götter als wilde oder gezähmte Tiere darstellten. Das Gleiche gelte für die Griechen, wenn sie Götter mit Menschengesichtern darstellten. Es gebe nur einen einzigen Gott und der war Himmel, Erde und Meer und alle Dinge. Welch vernünftiger Mensch könne da ein Bild von diesem Gott machen, das einem irdischen Wesen entspreche? Moses habe viele Menschen von der Wahrheit seiner Gedanken überzeugen können, erzählen die Menschen dort Strabo.

Unbekannt ist ihnen wohl, dass es zur Zeit Moses' den Pharao Amenophis gegeben hat, der ganz Ägypten zu Lehre des einzigen Gottes bekehren wollte. Der Versuch misslang und so musste sein Anhänger oder Mentor Moses flüchten.

Seine Ankunft im Gelobten Land fiel allerdings der oralen Tradition zufolge ganz anders aus, als in der Bibel beschrieben. Nach dieser Tradition kam Moses mit seinen Anhängern nach Jerusalem mit seinen Insignien statt mit Waffen. Jerusalem sei verlassen gewesen und man habe ihm das Gebiet gegeben, weil sowieso kaum noch jemand dort wohnte. Moses versprach im Gegenzug den Menschen dort, einen religiösen Dienst und Opfer zu organisieren, welche die Gläubigen nicht mit teuren Abgaben und absurden Riten belasten würde. Vielen Menschen gefiel das und so konnte er den Gläubigen ein ansehnliches Gebiet gewinnen.

Man weiß nicht mehr, wem man glauben soll. Soll man die mündliche Überlieferung und die Stellen der Bibel ernst nehmen, die Moses als Pazifist und Antirassist ausweisen, geduldiger als irgend ein Mensch auf dieser Erde, der seine Eroberungen ohne Waffen verwirklichte, Vorläufer eines Buddha oder Jesus?

Oder soll man den Stellen der Bibel glauben, die einen Moses als blutdürstigen Eroberer ohne Mitleid mit den Schwachen darstellen? Vielleicht liegt der Schlüssel in der Folge des Berichtes von Strabo:

"Ehrlich und fromm blieben seine Nachfolger lange Zeit bei den gleichen Sitten. Später wurden abergläubische, tyrannische Männer zu Hohepriestern." Das ist natürlich ein Vorgang, den man immer wieder und auch heute beobachten kann.

Was die Stellen der Bibel betrifft, in der Moses und seine Nachfolger als blutdürstige Eroberer geschildert werden, so haben sich bei den Ausgrabungen des letzten Jahrzehntes Hinweise darauf ergeben, dass nicht alles stimmen kann, so wie es geschrieben steht. Unter Anderem erweist sich jetzt, dass Jerusalem zu der Zeit verlassen war, als Moses ankam. Das Gebiet wurde immer wieder von Heeren verwüstet, die aus dem Nordosten kamen, auf dem Weg nach Ägypten , um dieses reiche Land zu erobern. Den Durchzug einer Armee überlebten immer nur wenige, die sich an die Küste retteten. Weiters hat sich herausgestellt, dass Jericho erst einige Jahrhundert nach der Zeit errichtet wurde, in der es nach der Bibel Josua eroberte. Die Ergebnisse der modernen Archäologie würden die Richtigkeit der mündlichen Tradition bestätigen. Weiters spricht für die mündliche Tradition die Tatsache, dass die Ägypter gar keine Sklaven verwendeten. Sie ließen bei Bedarf „Habiru" kommen, das hieß

Dazu kommt noch ein anderer Faktor. Man wusste immer schon, dass die Bibel vor allem in Babylon geschrieben oder umgeschrieben wurde. Vieles von dem, was in der Bibel steht, kann aus praktischen Gründen gar nicht wahr sein. Das beginnt schon mit der Geschichte vom Goldenen Kalb. Weil sein Bruder die Juden verführte, ließ Moses ganze dreitausend Männer ermorden? Dieser Moses muss verrückt gewesen sein, wenn er in einer schwierigen Situation einen großen Teil seiner kampffähigen Krieger umbringen lässt. Und es geht in der Bibel immer noch so weiter: Weil die Benjaminiten, einer der Stämme Israels, sich unmoralisch verhielten, brachten die Leviten als Wächter der Tugend mehrere hunderttausend Männer und dazu noch ihre Familien um. Ich habe den Eindruck, der Verrückte bei all diesen absurden Geschichten war der Schreiber Ezra, von dem man weiß, dass er bei der babylonischen Niederschrift der Bibel federführend war. Tatsächlich scheint es diesem Schreiber und seinen Mitarbeitern immer wieder um ideologische, um politische Korrektheit gegangen zu sein oder, wenn man will, er wollte Moses' Revolution seinen eigenen Stempel aufdrücken. Als die etwa 40.000 Nachkommen der Verbannten aus Babylon unter Ezra nach Jerusalem zurückkehrten, taten sie etwas Merkwürdiges: sie erklärten die in Israel verbliebenen Juden, Samariter genannt, als Juden zweiter Klasse. Das seien insofern keine Juden, als man nicht wissen könne, ob sie sich in der Zwischenzeit durch Ehen etwa mit anderen Völkern vermischt hätten. Der Jude, der noch mit einer Stammesfremden lebte, musste sich von ihr trennen, auch wenn sie sich zum mosaischen Glauben bekehrt hatte.

Mit diesen Änderungen fügte Ezra der mosaischen Revolution ihren Gegensatz hinzu, wie man das bei allen großen Umwälzungen beobachten kann, welche die Menschheit auf neue Wege führen. In diesem Fall ging es einerseits um die Tendenz des universellen, friedlichen Zusammenlebens aller Menschen, welche den zehn Geboten folgten. Nun gab es eine neue, mit der alten eigentlich unvereinbare Tendenz im mosaischen Glauben, die Forderung nach ethnischer Abgrenzung. Wie es so oft den ideologischen Weichenstellern der menschlichen Geschichte passiert, war Ezra nicht fähig, das enorme Potential an nicht gerade positiven Folgen in der menschlichen Geschichte abzuschätzen, das in seiner Neuerung steckte.

Strabo jedenfalls erzählt weiter interessante Geschichten über das Land. Nach vielen anderen Eroberern, die durchzogen kamen die Römer. Pompeius eroberte Jerusalem mit dem Kopf, mehr noch als mit dem Schwert: Jerusalem war eine Festung auf einem Felsen. Drinnen gab es Wasser, draußen Trockenheit. Ein tiefer Graben von 60 Fuß Tiefe und 250 Fuß Breite umgab den Felsen. Die Felsen, die aus diesem Graben geholt wurden, hatten zum Bau der Mauer gedient. Man erzählte ihm jedenfalls, dass Pompeius die Sabbatruhe ausnützte, um den Graben auffüllen zu lassen und die Sturmleitern anzusetzen.

Von den ersten Begegnungen an gab es wenig Liebe zwischen Römern und Juden. Was die Juden am meisten störte war die Forderung der Römer, ihr Kaiser sollte als oberster Gott wenn schon nicht angebetet, so doch anerkannt werden. Im Jahr 70 unserer Zeit jedenfalls mobilisierten die Juden zur ersten großen Revolte gegen die Römer. Kleinere Aufstände hatte es immer wieder gegeben. Die Sache ging schief, die Römer festigten ihre Herrschaft. Rund 60 Jahre später war die Vorbereitung besser: Der Großrabbiner Ben Akiba erklärte offiziell einen gewissen Bar Cochba als wahren und endgültigen Messias des jüdischen Volkes, mit der schweren, aber erhebenden Aufgabe betraut, der Welt ein gerechtes Gott gefälliges System vorzuführen. Allerdings musste dazu wenn schon nicht die ganze , so doch ein größerer Platz in ihr erobert werden. Voller Gottvertrauen schritt Bar Cochba ans Werk.

Wie schon so oft spielten auch diesmal die Römer die Spielverderber, wenn man so sagen darf. Im Jahr 70 hatten sie den jüdischen Aufstand niedergeschlagen, doch wie es die Gewohnheit dieser Imperialisten war, gingen sie wohlüberlegt glimpflich mit den Besiegten um. Titus ließ - an den Gewohnheiten der Zeit gemessen - nur einige Anführer und Aktivisten des Aufstandes massakrieren. Dem Rest der Bevölkerung verzieh er, auch eine Art ihnen begreiflich zu machen, dass das Leben, auch mit einigen Römern in der Gegend, schön sei. Jüdische Rekruten in den römischen Legionen bekamen das Recht zugestanden, ihre heiligen Tage, vom Sabbat bis zu den großen Festen, gebührend zu feiern.

Im Jahr 132 brauchten die Römer drei Jahre, um eine genügend große Armee heran zu führen. Die konnte dann den Juden zeigen, auf welcher Seite Gott kämpfte. Als vorbildliche Erzieher von unterlegenen, wenn auch nicht primitiven Völkern zögerten die Römer nicht, mit radikalen Methoden die Botschaft zu vermitteln. Sie schleiften nicht nur die heiligen Gebäude, sondern verboten den Israeliten darüber hinaus, den heiligen Tempelbezirk Jerusalems zu betreten. Das war der offizielle Beginn der jüdischen Diaspora.

Tatsächlich brauchten die Juden nicht diesen verlorenen Krieg, um in die Welt aus zu schwärmen. Seit hunderten von Jahren fand man in den Marktvierteln der Städte und Häfen dieser Welt, von China bis Gibraltar, neben Levantinern, Indern und Chinesen stets auch jüdische Kaufleute. Einer der Gründe für diese Neigung lag in einem Gebot von Moses, der anordnete, alle Knaben Lesen und Schreiben zu lehren. Zu dieser Zeit aber galt ein Mensch, der Lesen und Schreiben konnte, fast als Gelehrter und wurde ganz logisch entweder Schreiber eines der großen Machthaber, wie etwa Ezra, oder aber Kaufmann und Handwerker. Diese trugen die gute Seite des babylonischen Exils mit sich. Ihre Kaufleute hatten dort Schulen gegründet, welche die Vorstellungen von allgemeiner Gerechtigkeit auf der Grundlage von gegenseitigem Verständnis und ohne weltliche Macht entwickelten. Ein Kaufmann kann sich nicht leisten, des Ezras verrückten Ideen vom Retten der Welt mit den Waffen zu folgen. Ob es Moses war oder ein Nachfolger im Geist, jemand jedenfalls hatte noch eine zusätzliche geniale Idee. Lao Dse bildet wohl die Ausnahme, aber überall sonst in der Welt kannten damals und noch ein paar Jahrtausende später die meisten Lehrer ein Grundprinzip des Lehrens, das Auswendiglernen der von ihnen vertretenen Weisheit. Die jüdischen Kinder in ihren Grundschulen dagegen mussten schon damals gegensätzliche Ansichten beweisen oder immerhin ausdiskutieren. Dass solchermaßen gebildete jüdische Kinder, die sich im Verlauf der letzten zweihundert Jahre emanzipierten, die westliche Pädagogik zum Vorteil aller umkrempelten, sollte eigentlich niemand überraschen.

Vor allem aber folgten die Kaufleute dieses ersten vorchristlichen Jahrtausends und dann noch später, den sanften und friedlichen Lehren des Moses' in Teilen der Bibel. Der Widerspruch zwischen diesen beiden

Tendenzen im jüdischen Denken würde in den kommenden Jahrtausenden nicht mehr verschwinden. Die Tendenz, welche über Maimonides bis Einstein und weiter reichte, sollte immer wieder als Keimzelle intellektueller Aufbrüche im europäischen Geistesleben wirken. Die andere Tendenz hatte logischer Weise so etwas wie eine spiegelverkehrte Wirkung. Ein Beispiel dafür wäre die Entwicklung bei den Kommunisten. In der Erziehung des jüdischen Kindes stecken ja beide Tendenzen. Marx schuf die kommunistische Idee im universalistischen Geist von Maimonides. Doch in der Sowjetmacht waren viele Juden, man denke an Beria, ganz natürlich auf extreme ideologische Reinheit bedacht. Israel Shahak und Norton Mezvinsky (London 1998) weisen darauf hin, dass in den Zeiten der Rabbinerherrschaft Juden aus ideologischen Gründen, für Gott, getötet oder schwer misshandelt wurden.

Was den Beruf des Kaufmanns betrifft, kann man in "Tausend und eine Nacht" bis in die letzten Einzelheiten nachlesen, wie damals ein Handwerker oder Händler in den wärmeren Zonen im Süden von Europa und weiter ostwärts lebte. Wenn ein Handwerker in seiner Spezialität mehr produzierte, als der lokale Markt aufnehmen konnte, dann konnte es leicht geschehen, dass er seine Ware zusammen packte und damit in eine Gegend zog, in der diese Ware gebraucht wurde. Wenn er sie erst einmal abgesetzt hatte, dann legte er sein nun vergrößertes Kapital in eine Ware an, die zu Hause einen besseren Preis brachte. Diese Vorgehensweise war seit Jahrtausenden im Mittelmeerraum üblich, ebenso wie in Indien und Südostasien. Dabei stützten sich die Handwerker und Händler auf Kolonien von Kollegen, die sich auf Dauer oder zeitweise in den verschiedensten Städten heraus gebildet hatten. Doch die Gefahren, welche dem Mutigen drohten, waren nicht ohne.

Omar nahm einen Teil seines Vermögens, steht da etwa, baute ein kleines Schiff, zog bei den anderen Kaufleuten Erkundigungen über Waren ein, an denen man am Meisten verdienen konnte und wo sie am Besten abzusetzen wären. Die Kollegen erzählten ihm von einem fernen Land, in dem man für eine investierte Drachme hundert herausholen könne und auch gleich, welche Ware dafür geeignet sei. Schließlich war er so weit, alle Waren auf seinem Schiff zu haben, mit Verpflegung für ihn und vier Matrosen. Unter einer frischen Brise lief er aus dem Hafen, stolz führte er selber das Steuer. Doch nach drei Tagen herrlichen, günstigen Wetters erhob sich ein fürchterlicher Sturm, der Segel zerriss und ungeheure Wellen auf das Schiff krachen ließ, denen es auf die Dauer nicht widerstehen konnte. Mit letzter Kraft gelang es dem unglücklichen Omar, sich an einem Brett fest zu halten, das der Wind schließlich an einen Strand trieb. Omar, der seinen ganzen Besitz verloren hatte, dankte nichts

desto weniger seinem Gott dafür, ihn gerettet zu haben. In der Ferne sah
er eine Stadt und machte sich auf den Weg dahin. In der Stadt begegnete
ihm ein Alter, dem er sein Unglück erzählte, das auf dem Meer über ihn
gekommen sei. Dem Alten tat er leid. "Komm zu mir", lud er ihn ein,
"ich brauche gerade einen Verwalter für meine Geschäfte. Ich zahle dir
fünf Drachmen täglich."

"Auf dass Gott dich belohne", antwortete der unglückliche Kaufmann.

So eine Reise konnte leicht zwei drei Jahre dauern und, wie man das
bei Marco Polo sehen konnte, noch viel länger:

1250 befand sich Messer Nicolao Polo mit seinem Onkel Messer
Matteo Polo in Konstantinopel mit Waren aus Venedig. Nachdem sie mit
dem Handel von Juwelen und Goldschmuck reich geworden und auch
einige Jahre beim Mongolenherrscher Kublai Khan verbracht hatten,
verließen sie Konstantinopel auf einem Schiff nach Akko. Dort konnten
sie sich auf einem venezianischen Segler einschiffen und erreichten so
nach zehn Jahren wieder Venedig. Messer Nicolao fand seine Frau nur
mehr tot vor. Sein Sohn war gerade fünfzehn Jahre alt geworden und hieß
Marco.

Den Verlockungen der Fremde konnten Nicolao Polo und sein Sohn
Marco und dessen Bruder jedoch nicht lange widerstehen und so verließen sie bald wieder Venedig Richtung Osten Von dieser Reise, die zwanzig Jahre lang dauerte, kam Marco Polo allein und ohne Schätze zurück.
Viel wertvoller für uns sind dagegen seine Reiseberichte, die er im genuesischen Gefängnis diktierte.

Die Welt dieser Langstreckenhändler war von Griechen, Assyrern,
Arabern und Juden bevölkert, mit etlichen Venezianern und Genuesen
dazwischen gewürfelt. In Europa wurden sie damals allgemein als Syrer
bezeichnet. In dieser Welt waren die Juden zu Hause, überall willkommen
wegen ihrer Kenntnisse, angesehen wegen ihrer Kultur, ihrem Wissen.
Möglicherweise hatte Scheherazade in ihrem Repertoire auch die Geschichte des Juden Isaak, den Karl der Große 797 engagierte, um als Führer und Dolmetscher zwei seiner Ritter als Gesandte des Kaisers zum Hof
des Kalifen Harun al Rachid zu bringen. Mit der einzigen anderen damals
bekannten Weltmacht wollte Karl der Große eine gute Nachbarschafts-
politik aufbauen. Wie das schon so kommt, waren die beiden fränkischen
Ritter den Strapazen einer solchen Reise nicht gewachsen. Einer erlag auf
dem Hinweg einer Krankheit, der Andere ertrank beim Überqueren eines
durch heftige Regenfälle angeschwollenen Flusses auf der Rückfahrt.
Isaak schaffte die Rückkehr mit einigen seiner ursprünglichen fränkischen
Begleiter und konnte so Karl dem Großen Geschenke und Friedensbotschaft des Harun al Rachid überbringen.

Wie sehr doch die Juden intellektuell und auch physisch in die Welt des ersten Jahrtausends eingebunden waren, lässt sich auch an der Geschichte Mohammeds ersehen. Der war ja sehr beeindruckt von ihrem "Buch" und sah sich zuerst als der neue und endgültige jüdische Prophet. Enttäuscht musste er sich jedoch eingestehen, dass die Juden die Nase voll von Propheten und Erlösern hatten und sich auch an einem Mohammed nicht begeistern konnten. So setzte Mohammed seinen Weg als Prophet in Eigenregie fort. Das brachte ihm allerdings jede Menge Zores bei seinen eigenen Leuten, die auch nichts von einem neuen Propheten wissen wollten. Mohammed konnte sich aus Mekka gerade noch nach Medina retten, wo er eine Bevölkerung von 6.000 Juden und 3.000 Arabern vorfand. Tatsächlich lebten damals über die ganze Welt hinweg Juden, von China bis Skandinavien und sogar schwarze Juden in Äthiopien. Im Verlauf des ersten Jahrtausends nach unserem Jesus bekamen die Juden jedoch mehr und mehr Konkurrenz. Die diversen Piraten des Nordens, die Wikinger und Sachsen und Normannen fanden ihren Job immer härter, denn die Menschen der südlichen Küsten hatten mit der Zeit effiziente Gegenstrategien entwickelt, wenn sie nicht selber Nachkommen der vorvorigen Generation von Wikingern waren. Die frustrierten Piraten beobachteten diese internationalen Kaufleute, die manchmal gewaltige Gewinne einstecken konnten und insgesamt eigentlich ein interessantes Leben führten. Vor dem Risiko hatten sie keine Angst, auch als Pirat konnte man auf der Jagd nach dem schnellem Geld jederzeit erschlagen werden.

Einzelpersonen zuerst und, gibt Gemeinsamkeit nicht Stärke?, später im Verbund wandelten sich die Piraten des Nordens zu internationalen Kaufleuten. Fromme Menschen hatten da wenig Verständnis dafür, so etwa der norddeutsche Pater Petrus Damiani, der 1057 donnerte:

"Du verschwindest aus deinem Heim, kennst nicht mehr deine Kinder, vernachlässigst deine Frau, alles, was wichtig ist im Leben hast du vergessen. Du bist gierig darauf, Reichtümer anzusammeln, du verdienst, um alles wieder zu verlieren, ziehst aus um von Neuem zu gewinnen, verlierst wieder und endest im Unglück."

Internationaler Kaufmann zu sein war in Zeiten wie jenen wahrhaftig keine Garantie fürs gemütliche Leben hinter dem Ofen. Man musste Mut und Ausdauer haben. Damit lebten die Juden, mit anderen "Syrern", schon seit über acht Jahrhunderten in Europa. Caracalla hatte ihnen im Jahr 212 die römische Staatsbürgerschaft zugestanden. In allen Zentren und Klöstern waren sie als Träger von Wissen und Kultur willkommen. Tausend Jahre nach Ezra hatten jüdische Gelehrte in Jerusalem eine endliche Version des Talmud ausgearbeitet, andere eine ebenfalls endliche

Version aber fundamentalistischen Strickmusters in Babylon. Damit wurde den zwei Seiten der jüdischen Geistigkeit einigermaßen Rechnung getragen, der weltoffenen und der fundamentalistischen Einstellung.

Der Aufstieg des Islam schaffte nur periodisch Schwierigkeiten im jüdischen Leben, danach einen neuen geistigen Aufschwung mit Maimonides in Cordoba, der als erster die Gleichrangigkeit der Vernunft mit dem Glauben betonte. Bisher war im jüdischen Denken die babylonische Version vorrangig, also der Glaube als absolutes Kriterium.

Die wirklichen Probleme für die Juden in Europa begannen dann im elften und zwölften Jahrhundert vor allem aus Gründen wirtschaftlicher Konkurrenz. Denn nach den ersten größeren Ansätzen in den letzten Jahrhunderten hatte Europa den internationalen Handel für sich entdeckt und da wurde der Platz für Konkurrenten verflixt eng.

VII.

Europa erfindet den Nationalstaat

Menschliche Gruppen lebten nur so zwischendurch im Frieden, wobei der Frieden schon auch lange dauern konnte. Eine der Methoden welche in Zeiten der Gefahr großen Anklang findet ist die zentralisierende Methode, bei der alle Kräfte der Gemeinschaft zusammengeballt werden. Der Führer befiehlt, die Mitglieder der Gruppe gehorchen, im Interesse der Gruppe als Kämpfer bereit zu jedem Opfer. Sie funktionieren wie Rädchen eines Uhrwerks und gewinnen so den Kampf des Führers, Pardon, der Gemeinschaft in Verteidigung ihrer wohlverstandenen Interessen. Nach Beendigung des Krieges fanden sich im Lauf der Weltgeschichte nur wenig militärische Führer, die ihre Machtstellung freiwillig an die zivile Macht abgegeben hätten. Im System des Stammes meist der Versammlung der erwachsenen Mitglieder der Sippe, bei wachsender Bevölkerungszahl dem Rat der Älteren als Vertreter der einzelnen Sippen im Stamm. Friede ist in der Sicht der Kriegsherren nur die Fortsetzung des Krieges mit anderen Mitteln. Der zentralistische Führer erwartet von der Volksgemeinschaft auch im Frieden, dass sie ihre Energien auf das gleiche Ziel konzentriert, den Sieg: wirtschaftlich, kulturell und politisch davon zu tragen.. Siegen, lautet die Devise seit Sargon von Akkadia, dem ersten aller machtbesessenen Potentaten vor etwa achttausend Jahren. Naram-Sing, einer seiner Nachfolger, legte sich bereits den Titel "Herrscher der vier Weltgegenden" zu. Weltherrschaft ist halt etwas Erhebendes für einen durchdrehenden Potentaten.

Aber es ist fast unmöglich, den Menschen diese Art von Disziplin für längere Zeiträume aufzuzwingen. Das klappt nur wenn die Zielgruppe sich akut bedroht fühlt oder die Beherrschung von Konkurrenzgruppen für gerecht, notwendig und vor allem machbar hält. Im letzteren Fall braucht es ein klares, einleuchtendes Schlagwort um von vorneherein ein Volk davon zu überzeugen es sei mehr wert als die Anderen. Der Begriff des Nationalstaats, der Nation als höchstem Ideal, das ist so ein Schlagwort. Die Römer waren die Ersten, welche in Europa ein derartiges Reich gründeten, allerdings verstanden sie darunter keine Ethnie als gemeinsames Band. Statt dessen verwendeten sie die römische Kultur als Grundlage des Zusammenhalts. Wer sich die römische Kultur von der Sprache bis zum Rechtsverständnis aneignete, konnte römischer Bürger werden.

Der Begriff des Nationalstaats im modernen Sinn wurde durch die französische Revolution im Bewusstsein der Europäer verankert. Aber ähnlich der amerikanischen wurde auch die französische Revolution vom Gegensatz zwischen zwei einander ausschließenden Idealen geplagt. Auf der einen Seite stand das humanistische Ideal welches die Menschenrechte als Grundlage der Beziehungen zwischen allen Menschen dieser Erde betrachtete und auf der anderen Seite das zentralistische Ideal des Nationalstaats, mit der Verpflichtung des Einzelnen, sich dem offiziellen Muster unterzuordnen und dem Ausschluss der Anderen von den Rechten des Staatsbürgers. Dieses Ideal wurde bereits vom absolutistischen Königtum vorbereitet, jenes wurzelte in den Traditionen der Völker einerseits, in den Bestrebungen des aufkommenden Bürgertums nach Freiheit in der Ausübung ihrer Geschäfte andererseits. Denn diese Geschäfte waren schließlich ein Modell für freie Wahlen, im gegebenen Fall des Kunden beim Einkauf. Und man weiß ja wie gierig Intellektuelle auf neue Ideen sind und sich das theoretische Auswalzen dieses Beispiels aus dem täglichen Leben zu verkneifen lag nicht drin.

Zu Beginn der Revolution war es eher die menschenrechtliche Komponente welche die Oberhand hatte. Doch mit dem Direktorium und vor allem mit Napoleon kam der zentralistische Nationalismus voll zum Zug. Einziges Zugeständnis an die universellen Ansprüche der Revolution: wer die bürgerlichen Ideale der Revolution annahm, wurde in die Nation eingegliedert.

Wie in den Vereinigten Staaten herrschte in der Folge auch in Frankreich permanenter Kleinkrieg zwischen den beiden Auffassungen von der idealen Gesellschaft. Doch gibt es bis heute keine klare Grenze zwischen ihnen. Die meisten Franzosen sind sich gar nicht bewusst, dass es hier einen Widerspruch geben könne. Viele, und nicht nur in Frankreich, glauben, heute eher: glaubten, die Menschenrechte könnten nur in einem Nationalstaat voll zum Tragen kommen. Erst die Entwicklung der Europäischen Union hat hier auch in Frankreich zu seinem langsamen Wandel der Mentalität geführt.

Der Nationsbegriff ist nun schon etwas Eigenartiges. Sicher, bei einer Gruppe von Menschen mit gleicher Sprache ist ein gewisses Zusammengehörigkeitsgefühl natürlich. In den Stammesgesellschaften meist, in den Imperien schon weniger, geht das Zusammengehörigkeitsgefühl mit einem Infragestellen des Wertes anderer Gruppen einher. Besonders sehr große Volksgruppen sehen sich aber zumindest als Zentrum der Welt. Die Chinesen etwa waren so sehr überzeugt davon, das Zentrum des Universums zu sein, dass sie ihr Land "Reich der Mitte" nannten. Die Erde sahen sie dabei als Viereck, an dessen Ränder sie alle anderen Völker verbannten. Der große Philosoph Huei-nan-Tseu siedelte 6 Völker im Osten an, 10 im Westen, 13 im Süden und 7 im Norden. Derart befriedigte er eine wichtige Forderung der chinesischen Philosophie, bei einem vollen Kreis auf die Zahl 36 zu kommen.

Aber das war noch lange kein Nationalismus.

Zu Urzeiten, als noch wenige Menschen auf dem Erdball herumkrabbelten und die einzelnen Gemeinschaften wenig oder nichts voneinander wussten, da war das Wort "Mensch" immer gleichbedeutend mit "wir". Davon zeugt noch die Bezeichnung "Bantu" für eine Völkergruppe in der südlichen Hälfte Afrikas oder "Inuit" für die Eskimos des hohen Nordens. Als die ersten Europäer daherkamen und in ihrer üblichen Neugierde fragten, mit wem sie's zu tun hatten, antwortete man "mit den Bantu" und das heißt wörtlich übersetzt einfach "mit den menschlichen Wesen". Näher bei uns bedeutet das Wort "Romi" ebenso sehr "Mensch" wie "Zigeuner".

Unweigerlich vermehrte sich jedoch der Mensch und in dem Ausmaß, in dem die Stämme einander näher rückten, wurde es wohl einigermaßen gefährlich, nicht zu den Menschen zu gehören. Ganz besonders dann konnte es gefährlich werden, wenn der eigene Stamm reicheres Land besaß als der andere und vielleicht längere Trockenheit die Lage verschlimmerte. Dann konnte man schon einmal ausgerottet werden. Aber der Mensch braucht sein moralisches Gleichgewicht und es lässt sich immer wieder feststellen, dass der kriegerische Stamm, der bei seinen Beutezügen immer alles ausrotteten, was seinen Kriegern in den Weg kam, innerhalb des Stammes ein vorbildliches, mildes, mitfühlendes Gemüt in den Vordergrund stellte. Die Mongolen sind ein gutes Beispiel für diese Sachlage.

Aber das ist noch unendlich weit entfernt vom Begriff des Nationalismus.

In den Gegenden in welchen dank günstiger klimatischer Bedingungen ihre Zahl über eine gewisse Dichte hinaus zunahm, gab es bald ein Zusammenleben von Menschen verschiedener ethnischer Herkunft. Soweit sich das feststellen lässt, war die Toleranzschwelle eher hoch, zumindest bis zur nächsten Dürre oder Überschwemmung, an der man gerne dem Nachbarn die Schuld zuschob. Das konnte für die Schwächeren sehr gefährlich werden und bis zur Ausrottung gehen, zumindest was Männer und nicht mehr so attraktive Frauen betraf. Für den Rest gab's immer noch Interessenten. Die Besiegten jedenfalls mussten stets ihre Sprache aufgeben und die des Siegers, praktisch seiner Kultur annehmen, um "Menschen" zu werden..

Das hatte aber schon gar nichts mit Nationalismus zu tun.

Als man dann große Reiche zu gründen begann, konnte man die Besiegten nicht mehr zwingen, die Sprache des Siegers anzunehmen. Das wäre viel zu viel Arbeit gewesen. Wer aber Bürger des Reiches werden wollte, der musste sehr wohl Sprache und Sitten der herrschenden Volksgruppe annehmen, der Römer, zum Beispiel. Die Chinesen hatten eine andere Lösung gefunden: bei denen konnte jeder daher reden, wie er wollte, solange er nur die gleiche Schrift verwendete. Da jedes Zeichen seine Bedeutung hatte, brauchte man nicht die Sprache kennen, um es zu verstehen. Man mochte nur Griechisch sprechen können, hatte man die Bedeutung der Schriftzeichen gelernt, wäre es kein Problem gewesen, die Botschaft aus China zu lesen und eine Antwort zu schreiben. Auch hier aber lag die Gemeinsamkeit in der Kultur, nicht im Blut.

Hier kommt man jedenfalls bereits einigen der Grundzüge dessen nahe, was später den Nationalismus der lateinischen Länder ausmachen sollte.

Philipp II. August der Capetinger scheint der Erste gewesen zu sein, dem es auf Dauer gelang, die Bevölkerung seines Königreichs nach einem einheitlichen Verwaltungssystem und einem auf vielen Lebensgebieten verbindlichen Verhaltensmuster auf Vordermann zu bringen. Er brauchte es. Nur durch eine schlagkräftige Organisation des ererbten Minireichs konnte er hoffen, dem Appetit der Nachbarn standzuhalten. In andren Worten, was schon siebentausend Jahre früher die Akkadier herausgefunden hatten, entdeckte er wieder: zum Kriegführen braucht man Zentralismus. Etwa gleichzeitig mit dem Hohenstaufer Friedrich II. in Sizilien und dem Normannen Richard Löwenherz verwirklichte er so einen ersten Entwurf dessen, was seine Nachfolger in den nächsten Jahrhunderten zum Absolutismus ausbauen würden. Während der vielsprachige Staufer mit seiner toleranten Haltung Kultur und Sprache gegenüber Schiffbruch erlitt, konnte Philipp August sein Reich immer weiter vergrößern und ausbauen. Sein Erbe dauerte immerhin bis zu Beginn des vorigen Jahrhunderts, in dem Kinder, die bretonischen oder occitanischen Dialekt sprachen, vom Lehrer die Rute bekamen.

Sein Modell jedenfalls begann bereits verdächtig dem späteren Nationalismus zu ähneln.

Friedrich der Zweite von Hohenstaufen, mehrere Male exkommuniziert, war der einzige christliche Herrscher der versucht hatte, die beiden Kulturen, die christliche und die moslemische, zu versöhnen. Sein Meisterstück war es, Jerusalem wieder in den christlichen Einflussbereich zu bringen und das ohne Gewalt. Er verpflichtete sich einfach, allen Religionen des Buches freien Zugang zur heiligen Stadt zu sichern. Visionär einer neuen Gesellschaft die ihre moralische Stärke aus einer Symbiose aller Kulturen schöpfen würde, gelang es ihm jedoch nicht, sich gegen den Papst durchzusetzen, welcher der Kirche seine besondere Version des Zentralismus aufzwang. Es nützte nichts, die größere Durchschlagskraft lag bei den Zentralisten, beim Papst ebenso wie bei Philipp August, dem Capetinger.

Allerdings waren sie nicht die Einzigen, welche sich an der Formel versuchten. Nicht nur König Richard Löwenherz, selbst Friedrich der Hohenstaufer schnitzelte an einem derartigen Modell herum. In seinem persönlichen Herrschaftsgebiet, in Sizilien, baute er den "perfekten" Zentralstaat auf. Alles war hier wie ein Uhrwerk geregelt, die wirtschaftliche Tätigkeit lag in den Händen von Staatsbetrieben, das gesamte Leben war bis zum letzten rationalisiert. Aber sein Reich umfasste ein Riesengebiet, von der Ostsee bis in den Nahen Osten. Dieses Reich straff nach dem sizilianischen Muster auszurichten, dazu fehlte ihm die Kraft.

Der Aufschwung Siziliens unter seiner Herrschaft zur Machtbasis war in der Tat eindrucksvoll. Leider ließ er eine völlig ausgeblutete Insel zurück, denn alle solcherart erzielten Mehrerträge verwendete er für seine Dauerkriege gegen einerseits den für ihn gefährlichsten Zentralisten, den Papst und andererseits gegen die ersten ideologischen Gegner des Zentralismus, die oberitalienischen Stadtstaaten. Der Bankrott Siziliens war in gewissem Sinn ein Vorläufer des Bankrotts späterer zentralistischer Reiche.

Der erste Herrscher welcher mit Dauererfolg den Zentralismus nach europäischem Strickmuster verwirklichte, blieb jedenfalls Philipp August.

Das einzige Gebiet Europas das eine völlig andere Entwicklung einschlug war England, das Land mit welchem sich Philipp August in ständigem Krieg befand. Wie erwähnt hatten die normannischen Könige Englands, und hier besonders Richard Löwenherz, begonnen, zentralistische Methoden in ihrer Verwaltung einzuführen. Das hieß zu allererst, die Macht der Aristokratie einzugrenzen. Auf Richard Löwenherz folgte König Johann ohne Land, das erste Opfer des gnadenlosen Kampfes zwischen konkurrierenden Zentralisten. Die ständigen Prügel die er von den bestens organisierten Streitkräften Philipp Augusts empfing, schwächten ihn so sehr, dass sein Hochadel jede Menge Zugeständnisse als Gegenleistung für die weitere Hilfe im Dauerkrieg aus ihm herausholen konnte. Doch sie misstrauten den Versprechungen eines Königs in der Bredouille. Die Mächtigen im Königreich zwangen ihn, einen Vertrag in aller Form zu unterzeichnen, die Magna Charta, die "Große Urkunde der Freiheiten", in der Rechte und Pflichten jeder Seite genau festgelegt wurden. Im Privy

Council saßen danach die Vertreter des Adels und des Königs und rechteten über Streitpunkte aus dem Vertrag. Damit wurde ein Kernpunkt des kommenden Absolutismus von vorneherein ausgeschaltet, nämlich das von keiner Instanz angefochtene Recht, per königlicher Verordnung zu regieren.

Im Privy Council saßen die Großen des Reichs. Das Beispiel machte aber Schule und so wurde eine alte angelsächsische Einrichtung wiederbelebt, das Witsagemot, einst das Beratungsforum der weisen alten Männer des Stammes. Im Verlauf der nächsten vierhundert Jahre entwickelte sich die ehrwürdige Einrichtung ins Privy Council des kleinen Mannes, in dem die Vertreter der wohlhabenden Bürger Streitfälle zwischen den Mächtigen berieten und schlichteten und wo nötig auch gleich Regeln für das möglichst reibungslose Zusammenleben in der Gesellschaft ausarbeiteten. Mit der Zeit entwickelten sich die beiden Institutionen ins Oberhaus, dem Parlament des Adels und in das Unterhaus, dem Parlament des Bürgers, der imstande war, die Wahlsteuer zu zahlen. Das allgemeine Wahlrecht für Männer über 21 und Frauen über 30 wurde erst 1918 eingeführt.

Dagegen mauserten sich auf dem Kontinent zwei Spielarten des feudalen Königtums heraus. In Frankreich setzte sich das zentral organisierte Königreich durch, wobei die Adeligen keine souveränen Rechte in ihren Gebieten ausüben konnten. Im heiligen Römischen Reich, regiert von einem Kaiser deutscher Nation, wie die Formel lautete, konnte sich kein Kaiser gegen den Hochadel durchsetzen. Jeder lag ständig im Clinch mit seinen Fürsten und musste um jeden Fußbreit Macht streiten. Dagegen organisierten die Fürsten ihrerseits ihren Machtbereich sehr wohl nach zentralistischem Strickmuster.

Dementsprechend gab es zwar Gleichheit und Lösen von Gegensätzen auf dem Verhandlungsweg, aber nur unter den Großen. Alle anderen Teile der Bevölkerung außerhalb der Städte mit Spezialstatut waren strikt von jedem Mitspracherecht ausgeschlossen. Für sie galt das Obrigkeitsprinzip.

Im feudalen England entwickelte sich dagegen das Prinzip der Kompromisslösung von Konfliktsituationen wenn auch nicht auf allen Ebenen. Das war das genaue Gegenteil der zentralisierenden Willkür des Absolutismus. Wie immer hatte die Wirklichkeit nur eine unbestimmte Beziehung zur Theorie. Aber einmal ins Gemeinbewusstsein integrierte moralische Prinzipien haben eine umstürzlerische Dauerwirkung. Einerseits forderten immer wieder ausgeschlossene Schichten des Volkes ihr Mitspracherecht, das sie allerdings meist erst durch Auswanderung nach Amerika erhielten. Andererseits wäre ohne die Gegenwart dieser Prinzipi-

36

en Shakespeare niemals den letzten Verästelungen der verbrecherischen Machenschaften der Mächtigen nachgegangen. In einem anderen moralischen Ambiente hätte er vielleicht einen noch besseren "Prinzen" geschrieben. Diese in England entstehenden Methoden zur Lösung gesellschaftlicher Konfliktsituationen hatten jedenfalls tief wirkenden Einfluss auf diese Intellektuellen Kontinentaleuropas die dem absolutistischen System kritisch gegenüberstanden.

Seither scheinen sich die Gewohnheiten in den verschiedenen Teilen Europas nur wenig geändert zu haben. Da kann man die Thatcher beobachten, wie sie prinzipielle Lösungen vermeidet und lieber aus jedem einzelnen auftauchenden Interessensgegensatz in den Verhandlungen das Beste für sich und ihre Oberschicht herauszuholen versucht, die sie vertritt. Wie im Rinderskandal kann das natürlich auch nach hinten los gehen. Die Deutschen wiederum neigen dazu, solche Gegensätze vorerst im stillen Kämmerlein unter den Großen auszuschnapsen und erst dann den Rest der Bevölkerung, oder auf Kommissionsebene die EU-Mitglieder das Ergebnis abstimmen zu lassen. Beide zusammen halten sie die Tendenz der Franzosen, das ideale Europa als zentralistisch geführte Einheit, mit für jeden verbindlichen, von der obersten Instanz festgelegten Richtlinien zu konzipieren, für ein teuflisches Komplott, die Vormacht in Europa an sich zu reißen.

Schön langsam aber begann im Gebälk des eindrucksvollen Baus des französischen Absolutismus ein hässlicher Wurm herum zu nagen. Der Sonnenkönig vervollkommnete das Modell, das in ganz Europa als Beispiel für die beste Art gehandelt wurde, ein Königreich zu organisieren. Friedrich II. modelte Preußen auf französische Art um und Joseph II, der Habsburger, reiste inkognito, als "Graf Falkenstein" durch Frankreich um mitzukriegen, wie und wo's genau lang geht.
Nach seiner Rückkehr versuchte Joseph II., das Gesehene in die habsburgische Praxis umzusetzen. Zum Beispiel, indem er Latein als Amtssprache durch Deutsch ersetzte, so wie es in Frankreich mit der "langue d'oi", dem Dialekt rund um Paris geschehen war, neben dem es kein occitanisch, baskisch oder bretonisch mehr geben durfte. Er konnte nicht ahnen, dass er damit einen wichtigen Beitrag zum Nationalitätenstreit des folgenden Jahrhunderts leistete, dem schließlich das Habsburgerreich zum Opfer fallen sollte. Darüber hinaus hatte er sich davon überzeugen können, dass Zentralismus keine anderen Machtpole im Reich dulden konnte. So versuchte er, schrittweise die Privilegien des Adels einzuengen und vor

allem, er verstaatlichte einen großen Teil der kirchlichen Güter, die nicht produktiv genug bewirtschaftet wurden.

So glorreich die Erfolge des Sonnenkönigs und seines Systems auch schienen, hinter den Kulissen sah es immer schlechter aus. Der Zentralismus absolutistischer Prägung mochte sehr gut geeignet sein, Überschüsse aus dem Land zu pressen um sie zum Führen eines Krieges zu verwenden, was den Franzosen immerhin den Ruf einbrachte, tolle Krieger zu sein. Als sich jedoch die Sonne für Ludwig XIV. dem Horizont zuneigte, fand sich das Land ausgeblutet, in tiefster Wirtschaftskrise, ein fruchtbarer Boden für den bereits kraftvoll keimenden Samen der Revolution. Wo war da bloß das allgemeiner Ansicht nach hervorstechende Merkmal des Absolutismus geblieben, die wirksame Durchorganisierung der gesellschaftlichen Teilbereiche zum allgemeinen Wohl?

Schließlich war es dann die republikanische Revolution selber, welche dieses Prunkstück des französischen Königtums, den Zentralismus, vor dem Verschwinden rettete. Als gutbürgerliche Geschäftsfrau handelte sie allerdings die veraltete Ware "Absolutismus", entsprechend aufgeputzt, unter dem eigenen Warenzeichen "Nationalismus". So konnte Europa die großartige Erfindung freudig weiterentwickeln, bis zur konsequentesten Verwirklichung durch Hitler.

VIII.

Ruhm und Ehre den Imperiengründern

Die großen europäischen Seefahrer hatten zu Beginn des vorigen Jahrhunderts die Küsten der Erde für Europa erschlossen. Zwar war das Risiko stets groß, doch unterm Strich heimsten die großen Kaufmannsgesellschaften der verschiedenen europäischen Küstenstaaten weltweit ansehnliche Reichtümer ein. Jetzt aber, im aufkommenden Zeitalter der Nationalstaaten konnte man die Welt nicht mehr anarchischer Privatinitiative überlassen. Besonders, wo ja die Konkurrenz mit Unterstützung ihrer Staatsmacht unlautere Vorteile erzwingen konnte.

Gegen die verschiedenen Tendenzen der Aufteilung der Welt stellten sich Humanisten ebenso wie Liberale. Sie traten dafür ein, dass die Völker dieser Welt ihre eigene Art zu leben wählen sollten und so würde sich aus den Bemühungen der Einzelnen wie der Völker ein für alle gerechtes Gleichgewicht ergeben. An sich war die Frage der Beziehungen zu den außereuropäischen Gebieten nur ein weiteres Gebiet auf dem Zentralismus und demokratischer Humanismus im Clinch lagen. Aber wie stets und überall gab es auch hier Chaoten, die alle Begriffe durcheinanderwürfeltn.

Stanley, ein englischer Journalist der nach Amerika ausgewandert war, wurde vorerst dadurch berühmt, dass er den Livingstone fand. Tatsächlich hatte er mit seinen Afrikareisen eigene Absichten in petto. Als begeisterter Neuamerikaner suchte er ein Anwendungsgebiet für die amerikanische demokratische Botschaft außerhalb der westlichen Hemisphäre. Die war schon weitgehend ausgereizt. In Afrika dagegen war gerade alles in Bewegung geraten. Vorerst musste er sich der allgemeinen europäischen Tendenz anpassen und die Idee verkaufen, er suche bloß nach neuen Märkten für die Industrienationen dieser Welt, mit der Christianisierung als Schlüssel zum Öffnen der neuen Gebiete. Nach seinem ersten Transafrikatrekking und den darüber geschriebenen Büchern hatte er damit großen Erfolg. Der französische Staatsmann Gambetta schrieb ihm 1878 folgenden Brief, den Stanley gleich im Vorwort zum nächsten Buch zitierte:

"Sie haben das Licht des Wissens über ein Gebiet strahlen lassen, das Sie so treffend als dunklen Teil der Welt bezeichneten. Sie haben nicht nur einen neuen Kontinent unserem Blick geöffnet, sondern auch wissenschaftliche und philanthropische Unternehmen die einen tiefgehenden Einfluss auf den Fortschritt dieser Welt haben werden. ... Regierungen - die besonders schwer in Bewegung zu bringen sind - wurden durch das was Sie durchführten beeinflusst und meiner Ansicht nach wird diese Bewegung von Jahr zu Jahr zunehmen."

Begeistert berichtet Stanley, dass "Neben der Tätigkeit der Internationalen Association (Gegründet von Stanley).... haben die englischen Baptisten das Banner des Friedens aufwärts bis jenseits des Aequators getragen ... Die Afrikanische See-Gesellschaft und die Freie Kirche von Schottland sind am Njassa See ernstlich an der Arbeit und dringen zum Tanganjika-See vor. Serpa Pinto und Wissmann zogen quer durch Afrika; Ivens und Capello haben östlich von Angola bemerkenswerte Reisen ausgeführt. Herr de Brazza hat Frankreich ein westafrikanisches Reich gegeben; Deutschland hat das Feld kolonialer Unternehmungen betreten und das ganze Land in Südwestafrika zwischen Cap Frie und den britischen süd-afrikanischen Colonien, das Kamerungebiet und eine fruchtbare Provinz in Ostafrika annectiert.

Italien hat sich einen Landstrich am Roten Meer, Großbritannien das Nigerdelta angeeignet, und Portugal besitzt jetzt 700.000 Quadratmeilen afrikanisches Gebiet. ... Und noch ist das Ende nicht erreicht. Binnen kurzem wird die Zeit kommen, wo großartige faits accomplis bekannt werden. Dieses Buch wird dazu beitragen, das Fieber eher zu befördern, als es zu beschwichtigen. Es wird in acht verschiedenen Sprachen gedruckt und die Schilderung von Unternehmungslust und Thätigkeit wird, so hoffe ich, manchen von den 325 Millionen Bewohnern Europas antreiben, sich aufzuraffen und zu handeln. (Auszug aus Henry M. Stanleys Buch "Der Kongo", 1885 bei Brockhaus, Leipzig.)

Henry Morton Stanley war schon ein merkwürdiger Typ. Gesprochen hat er wie ein waschechter Kolonialist. Aber aus dem, was er konkret getan hat geht hervor, dass ihm vorschwebte, die allgemeine Bewegung hin zur Kolonialisierung auszunützen um den amerikanischen Traum vom freien Verfügen der Völker über ihr eigenes Schicksal in einem ganz bestimmten, von ihm initiierten und kontrollierten Fall zu verwirklichen. Und zwar in seiner Erfindung, dem "Freien Staat Kongo". Ähnlich wie Byron dem von den Türken befreiten Griechenland des beginnenden 19. Jahrhunderts einen Monarchen fand um unabhängig zu bleiben, musste auch er einen waschechten König finden um seiner Erfindung einen nach geltenden Normen als Staat anerkannten Status zu geben. Nur so hatte dieser "Freie Staat" eine Chance, dem Appetit der Großmächte zu entgehen.

Um diesen Staat um so sicherer international zu verankern trug er entscheidend zur psychologischen Vorbereitung des europäischen Runs auf Afrika bei. Es war vor allem seine PR-Arbeit, welche es Bismarck erleichterte, die europäische Afrikakonferenz einzuberufen. Im Vertrag vom 26. Februar 1885 erreichte nicht nur Stanley sein Ziel mit der Anerkennung seines "Freistaates Kongo", auch Bismarck war mit der internationalen Anerkennung der deutschen Eroberungen in Afrika seinem Ziel der "Weltmacht Deutschland" ein großes Stück nähergekommen.

Der Vertrag stellte eine merkwürdige Mischung aus innereuropäischem Kartellgesetz und naiver, von Stanley inspirierter amerikanischer Vorstellung von der Harmonie der Nationen dar. Das zeigt sich besonders deutlich im Artikel XXV: ---

"...Die Bestimmungen der gegenwärtigen Schiffahrtsakte sollen in Kriegszeiten in Kraft bleiben. Dem gemäß soll auf dem Kongo ... die Schiffahrt aller Nationen, neutraler wie kriegführender, zu jeder Zeit für den Gebrauch des Handels frei sein. Der Handel soll gleichfalls, ungeachtet des Kriegszustandes, frei bleiben auf den in den Artikeln XV und XVI erwähnten Strassen, Eisenbahnen, Seen und Kanälen ... Alle in Ausführung der gegenwärtigen Akte geschaffenen Werke und Einrichtungen, namentlich ... die Kassen, ...sollen den Gesetzen der Neutralität unterstellt sein und dem gemäß von den Kriegführenden Staaten geachtet und geschützt werden..."

Ihr Ziel zu erreichen war nicht einfach. Denn seit um 1815 der Sklavenhandel offiziell abgeschafft wurde,

"sahen der Großteil der europäischen Geschäftsleute und Ideologen die wirtschaftliche Zukunft Afrikas in einer engen und fruchtbaren Zusammenarbeit zwischen Europäern und Afrikanern als gleichberechtigte Partner. Dort, wo diese Ideologie in die Wirklichkeit übersetzt werden konnte (Sierra Leone, Gold Coast, Nigeria) entstand dadurch eine aktive schwarze Kapitalistenklasse (Pflanzer und Händler), begleitet von den unvermeidlichen Intellektuellen (Advokaten, Ärzte, Lehrer und Publizisten) welche die Bourgeoisie immer hervorzubringen wusste." (Elikia Mbokolo, internationales Kolloquium über die Konferenz von Berlin, Brazzaville 1985)

Stanley scheint sehr wohl eine Perspektive in diesem Sinn im Auge gehabt zu haben. Aber mit seiner merkwürdig anmutenden aber doch typisch amerikanischen Art "to beat the system", sich nicht frontal dagegen zu stellen sondern es auf dem eigenen Terrain zu überdribbeln, hatte er sich am Ende doch ein Eigentor geschossen. Die Kolonisierung, zu deren bestem PR-Mann Stanley sich mauserte, führte zum totalen Verlust jeder existentiellen Autonomie der Bevölkerung Afrikas. Überall in Afrika setzten die Imperiengründer zum Sturm auf die letzten Widerstandsnester von heimischen afrikanischen Bürgergesellschaften an. Ähnlich der Bredouille, in der sich die nordamerikanischen Puritaner befanden war aber auch für die Imperiengründer die Notwendigkeit einer moralischen Rechtfertigung des Vorgehens gegeben und es war Gobineau, der diese Notwendigkeit voraussah und um die Mitte des vorigen Jahrhunderts die ganz besondere Rolle des weißen Mannes in der Weltgeschichte als Erster schriftlich niederlegte.

Die Hintergedanken eines Stanleys hatten unter diesen Umständen keine Chance, in den Vordergrund zu treten. Seine Nachfolger waren bereits völlig durchdrungen von der Überzeugung, der weiße Mann sei ein höheres Wesen für den andere Moralgesetze in den Beziehungen zum Schwarzen galten. Schriftsteller wie Joseph Conrad in "Herz der Finsternis" zeigten, was das in der Praxis bedeutete.

"...links spendeten einige Bäume Schatten, darin schienen sich einige Gestalten zu regen. ... der Pfad war steil. Rechts ertönte ein Horn und ich sah Schwarze laufen. Eine schwere Explosion erschütterte den Boden und eine kleine Rauchwolke kam aus dem Hügel und das war alles. Sie bauten eine Eisenbahn." Und weiter: "Ein leichtes Klirren hinter mir ließ mich den Kopf wenden. Sechs Schwarze im Gänsemarsch boten alle Kraft auf um den Pfad heraufzusteigen. Langsam kamen sie weiter, hoch aufgerichtet trugen sie kleine Körbe mit Erde auf den Köpfen und das Klirren regelte ihre Schritte. Um ihre Hüften hatten sie schwarze Tücher, deren Zipfel hinten wedelten wie Schwänze. Ich konnte ihre Rippen zählen, die Gelenke waren Knoten in einem Seil. Jeder trug einen eisernen Ring um den Hals, sie waren durch eine eiserne Kette verbunden deren Schwingen und Klirren ihre Schritte rhythmisch begleitete. ... Selbst eine hemmungslos Phantasie hätte keine Feinde in diesen Menschen sehen können. Sie waren als Verbrecher gezeichnet und das verletzte Gesetz war über sie hergefallen, wie eine explodierende Granate, ein unlösbares Rätsel aus Übersee. Ihre Brustkörbe keuchten, die verzweifelt erweiterten Nüstern zitterten. Die Augen steif auf den Gipfel des Hügels gerichtet schritten sie kaum einen halben Meter vor mir vorbei, ohne einen Blick auf mich zu werfen, mit der ganzen Gleichgültigkeit eines Toten auf Urlaub, unglückliche Wilde. Hinter diesen Unglücklichen spazierte einer dieser Gezähmten, das Produkt der neuen hier tätigen Mächte, mit angeekelter Miene und hielt ein Gewehr in der Mitte gefasst. Er trug einen Uniformrock, dem ein Knopf fehlte. Aber als er einen Weißen auf dem Weg sah nahm er untertänig das Gewehr auf die Schulter. Er tat das vorsichtshalber, diese Weißen sahen sich aus der Entfernung ja derartig ähnlich, dass er nicht erraten konnte um wen es sich handle. Er hatte sich jedoch schnell versichert, dass ich keine Gefahr darstellte und mit einem strahlenden komplizenhaften Grinsen schien er mich zum Partner in seiner hohen Aufgabe zu machen... Schließlich kam ich unter den Bäumen an. Ich hatte die Absicht, mich im Schatten ein wenig auszuruhen; aber kaum war ich angekommen, da hatte ich den Eindruck in die Verließe einer Hölle eingedrungen zu sein. ... Schwarze Gestalten lehnten, lagen, saßen rund umher zwischen den Bäumen, gegen die Stämme, sich an die Erde krallend, halb erkennbar, halb verborgen vom Zwielicht, in allen Stellungen des Schmerzes, der Selbstaufgabe, der Verzweiflung. Auf dem Hügel explodierte eine andere Ladung und unter meinen Füßen fühlte ich ein leichtes Zittern. Die Arbeit ging weiter.

Die Arbeit! Und hier war der Ort an welchen sich ein paar der Helfer zurückzogen um zu sterben. ..."

So benutzten im 19. Jahrhundert die meisten Europäer einen großen Teil der Welt als Abenteuerspielwiese: die Westeuropäer Afrika und Süd- und Südostasien und den Pazifik, die Russen Sibirien.

Die Amerikaner hatten ihren Spaß im Wilden Westen, wo Millionen von Büffeln, Indianern, Grizzlis und anderen interessanten Abschusszielen nur so herum wimmelten. Aber bei Kolonien war die Hemmschwelle durch die Unabhängigkeitserklärung hoch gelegt worden.

Zu Beginn des 19. Jahrhunderts war Kolonisation außer Asien auf Südamerika beschränkt. Im Hinblick auf die Prinzipien des amerikanischen Unabhängigkeitskrieges hatte das amerikanische Establishment wenig Verständnis für diesen Zustand. So wie sie selber, sollten auch die Nachbarn im Süden ihre Freiheit erobern. Deren Unterstützung würde sich in dieser Sicht auf die Abschirmung der neuen Staaten gegen den Appetit der europäischen Großmächte beschränken.

"...Hinsichtlich auf den Kampf, in welchen unsere Nachbarn jetzt verwickelt sind, ist es klar, dass die Macht Spaniens sich, so zu sagen, nicht mehr fühlen lässt. Diese neuen Staaten haben das Werk ihrer, von den Vereinigten Staaten anerkannten, und ohne zu großen Widerstand von Außen erhaltenen Unabhängigkeit, vollendet. ... (Wir erwarten), dass diese Republiken bald durch Wahl- und Stellvertretungsregierungen in allen ihren Teilen, gleich den unsrigen, befestigt sein werden. Wir hegen heiße Wünsche, dass diese Republiken auf diesem Wege fortschreiten mögen, weil wir die innige Überzeugung haben, er werde sie zum Glück führen; aber trotz unserer Wünsche haben wir nicht geglaubt, ihnen unsere Dazwischenkunft anbieten zu dürfen, denn wir glauben, jedes Volk habe allein das Recht, sich die Regierung zu geben, die es seinen Interessen für nützlich hält. Sie haben überdies unser Beispiel vor den Augen; sie allein sind gültige Richter unserer Anstrengungen unseres Erfolgs, und dessen, was ihren Bedürfnissen am besten zusagen kann: wir überlassen sie ihren

Eingebungen mit der Hoffnung, dass die anderen Mächte dieselbe Politik befolgen werden. Von Europa durch den weiten Ozean getrennt, wie wir es sind, können wir für die Kriege oder deren Ursachen, die zwischen den europäischen Regierungen entstehen, durchaus kein Interesse empfinden. ... Hinsichtlich unserer Nachbarn im Süden ist jedoch unsere Lage verschieden; wir können nicht dulden, dass die europäischen Cabinette sich in ihre Angelegenheiten und hauptsächlich in die mischen, welche die Wahl ihrer Regierungen betreffen, und wir würden genötigt sein, jede Dazwischenkunft dieser Art als einen persönlichen Angriff zu betrachten. ...” (Abschiedsrede von Präsident Monroe vom 6.12.1824, zum Ende seiner Amtszeit, aufgezeichnet und übersetzt von A. Levasseur, geb. Zeis, mit ihrem Gatten Begleiterin General Lafayettes, des Kampfgefährten Washingtons im amerikanischen Unabhängigkeitskrieg 1774, auf seiner Nostalgiereise 1824/25 in die USA, gedruckt Naumburg 1829, in der Wild'schen Buchhandlung.)

Der Mensch, der sich Gesetze gibt braucht nie lange um sie auch zu übertreten.. Schließlich, so einzigartig die USA als Modell auch sein mochten, sie konnten sich doch nicht von den großen fortschrittlichen Tendenzen der Menschheit abkoppeln!

Die Tendenz an die man vor allem dachte, war diese aufregende Idee vom Wettlauf um die nationale Vorherrschaft. Aber bei einem Wettlauf gibt es nur Sieger und Besiegte - wer nicht teilnimmt, gehört der nicht von vorneherein zu den Verlierern? Teddy Roosevelt, einer der Bannerträger dieser Ansicht von dem, was nationale Größe sei, überzeugte eine erkleckliche Anzahl seiner wählenden Mitbürger. Das brachte ihm das Amt des Präsidenten der Vereinigten Staaten ein und Amerika seine ersten, wirklichen, doch schließlich einzigen Kolonien. Die endgültige Krönung seines guten Willens erfolgte jedoch durch die Verleihung eines der ersten Friedensnobelpreise. Denn Teddy war keineswegs ein primitiver Dreinschläger: seine unschlagbare Idee war es, die Erwerbung von Kolonien mit der Absicht zu rechtfertigen, die kolonisierten Völker zur Selbständigkeit zu erziehen und so mit dem System der Kolonien ein für alle Mal Schluss zu machen. Soviel intellektuelle Finesse war doch wohl einen Friedensnobelpreis wert?

Alfred Nobel war besonders zugänglich für solche Argumente. Seinerseits wollte er derartig wirksame, mörderische Waffen herstellen, dass Kriege, mit diesen Waffen geführt, die Menschheit insgesamt in Gefahr bringen würden. Die Superwaffen sollten weitere Kriege unmöglich machen. Ganz so dumm war das vielleicht gar nicht, wenn man an das Gleichgewicht des atomaren Schreckens im Kalten Krieg denkt.

Der eigentliche Grund für die Gedankenturnerei Roosevelts lag natürlich woanders. Es gab einfach zu viele kleinliche Prinzipienreiter und die wollten nicht einsehen, dass man den Fortschritt nicht aufhalten könne. Die verstanden nicht, dass man die Interessen des eigenen Landes verriet, wenn man diesen gierigen Europäern das Feld frei ließ beim Aneignen der saftigsten Gustostückerl dieser Welt. Aber Theodore Roosevelt hatte eine reiche Phantasie. Seine eindrucksvollste Erfindung jedenfalls war es, nach dem Sieg über die Spanier Kuba die Unabhängigkeit zu geben. Weniger fiel dabei die kleine Schrift im Vertrag auf. Im Platt amendment wurde unter anderem festgelegt, dass jeder internationale Vertrag auf militärischem und diplomatischem Gebiet von den USA abgesegnet werden musste, um gültig zu sein.

Auch die noch spanischen Philippinen wurden mit dem Argument erobert, dass die Spanier der heiligen Mission nicht genüge getan hätten, die Philippinos zur Unabhängigkeit zu erziehenAus dem Gegensatz zwischen den Visionären des neuen Imperialismus und den Verteidigern des Selbstbestimmungsrechts der Völker entstand jedenfalls zu Beginn dieses Jahrhunderts im amerikanischen Einflussbereich ein neues Modell der Herrschaft über andere Völker. Vorerst sprach man von "Bananenrepubliken". In einem nicht unähnlichen Dilemma wurde das Prinzip der indirekten Beherrschung eines anderen Landes durch willenlose Strohmänner ein halbes Jahrhundert später von den europäischen Mächten übernommen und bekam von seinen Gegnern den Namen "Neokolonialismus" angehängt.

IX.

Kurzer Besuch bei der Hierarchie der Völker

Im Flugzeug von Pointe Noire nach Brazzaville, der kongolesischen Hauptstadt, saß neben mir eine Kongolesin und hinter mir ein in Pointe Noire wohnhafter Angolese. Angeregt unterhielten sich die Beiden - über eine Nebenstrasse in Pointe Noire. Zu Beginn waren sie sich nicht einig über den genauen Verlauf und wer genau wo wohnte oder gewohnt hatte und welche Eifersuchtstragödie sich zwischen wem wo abgespielt habe. Nach etwa einer halben Stunde hatten sie sich über alle Einzelheiten geeinigt. Die Frau neben mir lehnte sich mit einem befriedigten Lächeln zurück, ganz offensichtlich war die Welt für sie - wieder - in Ordnung. Auch der Mann hinter mir strahlte Zufriedenheit aus.

*

Das Bedürfnis nach klaren Grenzlinien in unserer Umwelt scheinen wir alle zu haben. Horcht man auf die Gespräche die rundherum geführt werden, kommt man bald zum Schluss, dass wohl mehr als die Hälfte aller Konversationen so etwas wie Bemühungen sind, die eigene Umgebung genau zu definieren, Klarheit über die nähere und weitere Umwelt zu gewinnen. Die gesuchte Klarheit reicht von den topographischen über die zwischenmenschlichen bis hin zu den internationalen Beziehungen. In den traditionellen Gesellschaften drehen sich drei Viertel aller Gespräche um Beziehungen innerhalb der Großfamilie.

Je mehr sich die Gesellschaft urbanisiert, desto mehr beschäftigt man sich mit den Beziehungen zu den Mitmenschen außerhalb der Familie. Das geht bis zu einem grundsätzlichen Wechsel, bis hin zu einer Weigerung, sich mit Banalem abzugeben. Man versteift sich mehr und mehr darauf, die Dinge in ihrem Zusammenhängen zu sehen. Von diesem Punkt weg bekennt man sich je nach Temperament stolz als tiefer Denker, als Politikaster oder als mit allen Wassern gewaschener Geschäftsmann.

Zur Klarheit über seine Umgebung, die der Mensch zu brauchen scheint, gehört auch die Antwort auf die Frage "Was soll ich von welchen anrüchigen Fremdlingen halten, die sich da herumtreiben?" Die Tafel eines unbekannten Wiener Autors um 1650 gibt Auskunft darüber, was die Völker damals voneinander dachten. (Auszug)

Spanier	Frantzos	Wälisch	Teutscher	Engeländer
Sitten				
Hochmütig	Leicht sinig	Hinterhaltig	Offenherzig	Wohl Gestalt
Natur				
Wunderbarlich	Gesprächig	Eifersüchtig	Ganz gut	Liebreich
Verstand				
Klug u Weiss	Einsichtig	Scharfsinnig	Witzig	Anmutig
Überzeugung				
Mänlich	Kindisch	Wie jeder will	Über Allmit	Weiblich
Wissenschaft				
Schriftgel.	In Kriegssachen	Geistl. Rechte	Weltl Rechte.	Welt Weis
Kleidung				
Ehrbar	Unbeständig	Ehrsam	Macht alles nach	Auf Franz. Art
Schlechte Eigensch				
Hoffärtig	Betrügerisch	Unmoralisch	Verschwender	Unruhig
Lieben				
Ehrlob und Ruhm	Den Krieg	Das Gold	Den Trunk	Die Wohllust
Krankheit				
Verstopfung	An Eigner Seuch	An böser Seuch	An bodagra	Schwind Sucht

Ihr Land ist

Fruchtbar   Wohlgearbeith   Wohllistig   Gut   Fruchtbar

Kriegstugenden

Großmüthig   Arglistig   Firsichtig   Unüberwind-   Ein See Held
                                          lich

Beim Gottesdienst

Der aller beste   Gut   Etwas besser   Noch andäch-   Verenderlich
                                          tiger   wie Mond

Herrn

Einen Mo-   Einen König   Einen Patriarch   Einen Kaiser   Balt den
narchen   balt jenen

Überfluss

An Früchten   Alle Waren   An Wein   An Getreid   An Fisch,
                                                                    an
Weiden

Zeitvertreib

Mit Spillen   Mit Betrügen   Mit Schwätzen   Mit Trinken   Mit Arbei
                                                                ten

Tier

Ein Elefanten   Ein Fuchsen   Ein Luchsen Ein Löben   Einen
                                                          Pferd

Bevorzugtes Lebensende

Im Böth   Im Krieg   Im Kloster   In Wein   In Wasser

Dazu lassen sich einige Bemerkungen machen. Vor allem, dass es keine hierarchische Einordnung in "Bessere" und "Schlechtere" gab. Offenbar hatten sich die Mentalitäten noch nicht den neuesten Thesen angepasst. Wandel gab es in Einzelheiten. Zu Beginn des Jahrtausends waren noch die Italiener als fleißige Arbeiter bekannt. Jetzt waren die Fleißigen bereits die Engländer. Die Franzosen hatten nicht nur den Krieg zur Wissenschaft und Lieblingsbeschäftigung entwickelt, sie hatten auch das am besten durch organisierte Land, dessen Landwirtschaft "wohlgearbeith"

48

war, das "alle Waren" produzierte und im übrigen kleideten sie sich modisch, was damals noch als "unbeständig" gesehen wurde. Die Deutschen hinkten noch hinterher, waren versoffen aber gutmütig, und unüberwindliche Krieger, mit noch wenig eigenen Ideen - Kleidung ebenso wie Überzeugungen ahmten sie den Anderen nach. Lustig auch diese erste volkstümliche Definition dessen, was man später als "Demokratie" bezeichnen würde: "balt den balt jene" holen sie sich als Herrscher, diese merkwürdigen Engländer, die gleichzeitig die "Wohllust" liebten und die Arbeit als Zeitvertreib.

Seitdem diese Tafel gezeichnet wurde hat sich eine merkwürdige Hierarchie in der kollektiven Vorstellung der Völker herauskristallisiert. Die Einführung einer hohen Arbeitsmoral in den protestantischen Ländern hat sicher etwas damit zu tun, aber auch die neue Stellung der Europäer, die über so viele Völker in der Welt herrschten. Dazu kommen aber auch die, erst im vorigen Jahrhundert entwickelten, Vorstellungen vom Wert der Rasse. Diese wurden zuerst von Gobineau systematisiert und trugen beträchtlich zur Entstehung neuer Ansichten bei.

In der volkstümlichen Sicht des vorigen Jahrhunderts standen die germanischen Völker an der Spitze, von den Amerikanern über die Deutschen und Skandinavier bis zu den Engländern. Dann kamen die Franzosen. Italiener und Spanier mussten sich den nächsten Platz teilen, erst dann kam eine Gruppe von Griechen, Portugiesen und slawischen Völkern, die sich um die Plätze vor den farbigen Völkern stritten.

Noch in den ersten Jahren nach der Unabhängigkeit des Kongo schilderte ein Sägewerksbesitzer in Dolisie an den Klubabenden seine Einschätzung der Menschen um ihn so.

"Zuerst kommen die Franzosen, das ist ja klar, die paar Deutschen hier, die würde ich dazurechnen. Dann kommt lange nichts und dann kommen unsere portugiesischen Händler. Gleich danach würde ich unsere Hunde einreihen und, oh ja, weit hinter ihnen gibt's dann noch die Neger."

1962 reisten Ariel und ich langsam und gemütlich kreuz und quer durch den damals erst vor kurzem von Belgien unabhängigen Kongo. Wahrscheinlich waren wir zu dieser verworrenen Zeit die einzigen Vergnügungsreisenden im ganzen weiten Kongo. Nach den ersten dreitausend Kilometern erreichten wir Lusambo. Normalerweise vermieden wir, abends in einer Stadt anzukommen. Im Gegensatz zu den Dörfern war es in Städten immer schwierig, ein Quartier für die Nacht zu finden. Die belgische Infrastruktur funktionierte nicht mehr. Aber wir konnten diesmal nicht anders und in der katholischen Mission vermietete man uns schließlich ein schönes Zimmer mit fast vergessenem Luxus, einer Dusche. Abends fanden wir uns dann auf der Terrasse ein. Nicht ganz ein Dutzend Leute saß da, darunter der Pater Superior und zwei Belgier.

"Hier ist es wirklich angenehm," informierte uns der Pater Superior. "Sehen Sie, alle Europäer dieser Stadt finden sich abends auf der Terrasse ein, wir trinken unseren kleinen Whisky und man plaudert halt gemütlich."

Überrascht erwähnte Ariel, dass sie doch in der Stadt noch ein paar andere Weiße in den Geschäften gesehen habe.

"Ach," antwortete der Pater Superior in aller Unschuld, "aber das sind Portugiesen!"

Logischerweise erzeugt die Vorstellung von der Hierarchie der umgebenden Völker in den Köpfen der Menschen entsprechende Begleitgefühle: die oben sehen auf die unten herab und erzählen sich Geschichten, die ihre Über- und deren Unterlegenheit beweisen sollen. Die unten können die Deutschen, Engländer und so weiter nicht leiden, weil sie "überheblich" sind. Den Slawen, Portugiesen und Griechen sind die Franzosen sympathisch weil sie nicht ganz oben, aber doch potentielles Vorbild sind. Den Italienern und Spaniern sind die Franzosen zwar sympathischer als die Angelsachsen oder die Deutschen, gleichzeitig kritisieren sie sie heftig, denn sie befinden sich in einem Konkurrenzverhältnis zu den Franzosen um den Platz in der Hierarchie. Auch die Variante des bedingungslosen Bewunderers der Deutschen oder Amerikaner gehört zu den Begleiterscheinungen. Diese Bewunderung ist immer verbunden mit Klagen über die Fehler des eigenen Volkes.

Diese Vorstellungen sind weitgehend in die kollektive Wertskala der europäischen Völker integriert. Damit werden sie als selbstverständliche Wahrheiten empfunden. Bei den Deutschen haben sie stark dazu beigetragen, dass die nationalsozialistische Ideologie so wenig Widerstand in den Köpfen fand.

X.

Dieses kitzelnde Verlangen,
das auserwählte Volk zu sein

Der von der französischen Revolution propagierte Nationalismus war ein typisch lateinischer Nationalismus, der in vielen Zügen dem Reich Cäsars nacheiferte. Der wichtige Faktor in dieser Auffassung von Nation war die Kultur. Entscheidendes Kriterium in Bezug auf den Zugang zur Nation war die Assimilierung der herrschenden Kultur. Doch zur Integration der solcherart definierten "Unsrigen", gehört der Ausschluss der "Anderen". Soweit es die Französische Revolution betrifft, so war dieser Grundzug des Nationalismus immer verdeckt vom Sendungsbewusstsein in bezug auf die republikanischen Werte. Alle diejenigen, die für die republikanischen Werte - und dazu gehörten auch die Menschenrechte - eintraten und deshalb verfolgt wurden, sollten Asyl in Frankreich finden.

In den protestantischen, wohl nur zufällig germanischen, Ländern gehörte sehr früh die Überzeugung zur Selbstverständlichkeit, dass der Begriff der Nation nur die eigene ethnische Gruppe einschließen konnte. Bézes Variante des Calvinismus hat sicher dazu beigetragen

Es war aber kein Deutscher, sondern ein Franzose, der in einer zusammenfassenden, konzeptmässig durchdachten und in wissenschaftliche Termini gefassten Form die These von den qualitativen Unterschieden zwischen den Rassen vorbrachte. Das beweist, falls nötig, dass der Keim des Rassismus in jeder Art von Nationalismus steckt und noch weitgehender, in jeder Theorie der Ausschließung.

In der Widmung seines 1853 und 1855 erstmals veröffentlichten Buches "Essay über die Unterschiede zwischen den Rassen" an seine Majestät Georg V. von Großbritannien machte Graf Gobineau seine Majestät darauf aufmerksam, wovon er sich auf Grund seines Nachdenkens und der Lektüre einer Unmenge von Büchern überzeugt hatte:

"...ich habe mich schließlich davon überzeugen können, dass alles das, was es an Großem und Edlem und Fruchtbarem in dieser Welt, an menschlichen Schöpfungen auf dem Gebiet der Wissenschaft, der Kunst, der Zivilisation gibt, den Beobachter auf einen einzigen Punkt zurückführt, nur aus einem einzigen Samen entstand, ist das Ergebnis nur einer Art zu denken, gehört nur einer Familie, deren Zweige in allen gesitteten Gegenden des Universums herrschten."

Rund tausend (!) Seiten weiter, die er brauchte um alles das anzuführen was für seine These sprach, zieht er den Schluss aus der geduldigen Anhäufung von "unwiderlegbaren" Tatsachen:

"Die germanische Rasse war mit aller Energie der arischen Spezies ausgestattet. Sie brauchte es, um die Rolle auszufüllen, zu der sie berufen war."

Berufen von wem? Peinlicher Weise hatte Gott bereits seine Wahl getroffen, aber da gab's immerhin die Vorsehung, für solche Aufgaben doch sicher zuständig.

Gobineau war noch kein erklärter Antisemit. Er und alle die, die seinen Überlegungen zustimmten um sie noch auszubauen, sie alle waren große Mystiker. Die Rasse, also das war schon etwas, das bei weitem den einfachen rationellen Verstand überstieg - hier ging es um den Sinn der Welt, der Menschheit. Tiefsinnige Intellektuelle in allen Teilen Europas scheuten keine Mühe um eine Unzahl von einzigartigen Eigenschaften ihres Volkes, dem selbstverständlich reinsten Ausdruck der berufenen Rasse, aus den verborgensten Winkeln heraus zu kitzeln.

Sie waren alle mehr oder weniger Pantheisten. Den christlichen Religionen waren sie meist nicht ganz grün. Alle hätten sie gerne Spuren eines besonderen göttlichen Interesses für ihre Nation gefunden. Aber da waren diese grauslichen Stellen im Alten Testament, in denen Gott auf seiner besonderen Beziehung zum Volk von Israel bestand.

Eine der wichtigsten Folgerungen, welche diese frisch gebackenen "Rassisten auf wissenschaftlicher Grundlage" aus ihren Überlegungen zogen war, dass früher oder später die beste Rasse die anderen Rassen zum Besten der Welt beherrschen werde. Zu klären war dabei noch, welche europäische Nation die reinste Verkörperung der Superrasse darstellte und damit das Recht auf die beherrschende Stellung hatte. Deutsche und Engländer hatten laut Gobineau einen Startvorteil - doch waren die Franzosen nicht eigentlich Franken!?!?

Höchst gefährlich, weil eigentlich mit unlauteren Waffen kämpfend, schien den "wissenschaftlichen Rassisten" ein Volk, das den schriftlichen Rückhalt Gottes hatte. Dass den Juden keine Fähigkeiten abgingen, davon konnte man sich ja jeden Tag von Neuem überzeugen. Hier kam selbst Gobineaus Sammlung von Beweisen für die Überlegenheit der germanischen Rasse nicht ganz mit. Wenn die "wissenschaftlichen Rassisten" ihre Gedankengänge bis zur letzten Konsequenz weiterverfolgten, dann mussten sie unweigerlich auf den Schluss kommen, es seien eigentlich die Israeliten, denen, oh Schreck! von Gott die Weltherrschaft zugeschanzt werden würde. Das schien nur einen Ausweg offen zu lassen: dieses gefährliche Volk musste man los werden!

Anders gesehen, der solcherart entstehende Antisemitismus war nur oberflächlich Rassismus. Unterschwellig ging es um das immer irrationaler werdende Weiterführen einer Gedankenreihe, die sich aus den Bemühungen entwickelte, dem Brandschatzen der Welt durch Europa einen moralischen Hut aufzusetzen.

Tatsächlich begannen in Europa die schlechten Zeiten für Juden viel früher und waren immer schon gefährlich. Von der Mitte des vierten Jahrhunderts weg lassen sich Tendenzen der Ausgrenzung beobachten, bis im 7. Jahrhundert eine Welle von Zwangstaufen der Juden Europa überflutete. Das waren aber nur vorübergehende Unannehmlichkeiten, die karolingische Herrschaft brachte wieder neue Freiräume, ebenso wie die Eroberung Spaniens durch die Mauren. Doch als die Juden von einer neuen Schicht einheimischer Händler als übergewichtige Konkurrenten empfunden wurden, begann eine Periode von Schwierigkeiten ganz neuer Art.

Den offiziellen Beginn dieser Periode leitete 1097 das Massaker an der jüdischen Gemeinde von Köln ein. Aus einem Land Westeuropas nach dem anderen wurden die Juden von da an vertrieben, zum Teil in die islamische Welt, zum Teil gegen die Steppen Osteuropas hin. Die Vertreibung war stets eng verknüpft mit Plünderung und Mord.

Der Friede im Osten dauerte auch nicht sehr lange. In den Zeiten der Sklavenjagden im Osten waren die Juden dort weitgehend in Ruhe gelassen worden, die waren keine guten Sklaven. Mit dem Erstarken der örtlichen Bevölkerungen begann auch ein neues Konkurrenzverhältnis. Die Ausrottung mehrerer jüdischer Gemeinden 1648/49 im polnischen Chmielnicky leitete eine lange Reihe von Pogromen ein. Die Überlebenden begannen, wieder nach Westen zu flüchten.

Während all dieser Jahre überlebten kleine, mehr oder weniger drangsalierte Gemeinden im deutschen Sprachgebiet. Es waren jedoch die Holländer, welche als erste den jüdischen Gemeinden freie Niederlassungsgenehmigungen erteilten. Es handelte sich vor allem um Flüchtlinge von der iberischen Halbinsel, welche durch ihre Kenntnisse den Aufstieg Hollands zum internationalen Handelszentrum stark begünstigten. Die Engländer unter Cromwell folgten wenig später mit ähnlichen Maßnahmen ebenso wie die englischen Kolonien Nordamerikas.

Der "Surinam Act" stellte 1665 fest, dass:

"...die hebräische Nation mit ihren Personen und Eigenschaften bewiesen(hat), dass sie nützlich und wohltätig sind... (und) müssen als Engländer angesehen werden..."

Trotz häufig ausgesprochener persönlicher Abneigung plädierten die Autoren der Aufklärung für Toleranz den Juden gegenüber, selbst wenn sie ihre Religion beibehielten. Über Taufe und Assimilierung konnten sie immer schon ihrem Schicksal entgehen. Anders gesagt, die Verfolgung fand lange Zeit hindurch nicht aus rassischen Gründen statt.

Friedrich II. von Preußen und der Habsburger Joseph II. folgten mit emanzipatorischen Maßnahmen. Offiziell volle Bürgerrechte erhielten sie zum ersten Mal in einem modernen Staat mit der Geburt der Vereinigten Staaten von Amerika:

"...keinerlei Religionszugehörigkeit darf je für eine offizielle oder Vertrauensstellung in den Vereinigten Staaten Amerikas verlangt werden..." (Aus der Verfassung)

Die Zeit des Biedermeiers brachte eine neue Welle von Benachteiligungen und Einschränkungen für Juden mit sich. Die Revolutionen von 1830 und 1848 brachten mit dem neuen Liberalismus auch neue Freiheiten für Juden. 1830 erhielten sie volle Staatsbürgerschaftsrechte in Belgien, 1867 in Österreichungarn, 1870 in Italien und 1871 in Deutschland.

Intellektuelle waren es vor allem, die sich um die Befreiung der Juden von Unterdrückung und Diskriminierung bemühten. So auch Adalbert Stifter, in seiner Novelle "Abdias". Er gebraucht dabei eine manchmal verwendete Methode um an den Vorurteilen des Lesers vorbei an dessen Herz zu kommen - er schildert vorerst äußerliche Erscheinungen, die das Vorurteil zu bestätigen scheinen:

"...Düstere, schwarze, schmutzige Juden gingen wie Schatten in den Trümmern herum, gingen drinnen aus und ein und wohnten drinnen mit dem Schakal, den sie manchmal fütterten. Es wusste niemand von ihnen, außer die anderen Glaubensbrüder, die draußen wohnten. Sie handelten mit Gold und Silber und anderen Dingen, von dem Lande Ägypten herüber, auch mit verpesteten Lappen und Wollenzeugen, davon sie wohl selber zuweilen die Pest brachten und daran verschmachteten - aber der Sohn nahm mit Ergebung und Geduld den Stab seines Vaters und wanderte und that, wie dieser getan, harrend, was das Schicksal über ihn verhängen möge. ... nachdem die Jahre vergangen waren, führte ihn der Vater Aron eines Tages hinaus in die vorderste Stube, legte ihm einen zerrissenen Kaftan an und sagte: "Sohn Abdias, gehe nun in die Welt, und da der Mensch auf der Welt nichts hat, als was er sich erwirbt und was er sich in jedem Augenblick wieder erwerben kann, und uns nichts sicher macht, als die Fähigkeit des Erwerbens: so gehe hin und lerne es. ... (Als Jude)... war Abdias ein Ding, das der blödeste Türke mit dem Fuß stoßen zu dürfen glaubte und stieß. Er war hart und unerbittlich wo es seinen Vorteil galt, er war hämisch gegen Moslems und Christen - und wenn er des Nachts

54

sich mitten in der Karawane auf den gelben Sand streckte, so legte er recht sanft sein Haupt auf den Hals seines Kameles, und wenn er im Schlummer und Traume sein Schnaufen hörte, so war es ihm gut und freundlich, und wenn es irgendwo wund gedrückt wurde, versagte er sich das liebliche Wasser, wusch damit die kranke Stelle und bestrich wie mit Balsam. ..."

Stifter bringt solcherart seinen Leser mit einem Juden zusammen, wie der Leser ihn damals aus dem Alltag kannte oder zumindest als typisch annimmt und ihn als "Tandeljuden", als Hausierer, wenn schon nicht verabscheute so doch verachtete. Aber die vom Leser als selbstverständlich hingenommene Gestalt entpuppt sich im Verlauf der Erzählung als vielschichtiger wertvoller Mensch. Das beginnt mit der harten Arbeit, enthält auch, als Reaktion auf die ungerechte Behandlung durch einen "blöden Türken" die Häme gegen seine Beleidiger und führt hin bis zu den hohen Gefühlen des Mutes und der Tapferkeit:

"...Am siebenten Tage des Zuges, da schwarze Felsen um sie waren und die Kamele mit den Fußsohlen die Hügel weichen Sandes griffen, flog eine Wolke Beduinen heran. Ehe die in der Mitte, wo das große Gepäck war, fragen konnten, was es sei, knallten schon am Rande die langen Rohre, und zeigten sich Sonnenblitze von Klingen. Sogleich wurde von denen in der Mitte ein Geschrei und ein Jammer erhoben, viele wussten nicht, was zu thun sei, viele stiegen ab und warfen sich auf die Knie, um zu beten. Da erhob sich der hagere Jude, der gleichfalls in der Mitte bei den großen Warenballen geritten war, auf seinem Thiere und schrie Schlachtbefehle, die ihm ein kamen. Er ritt gegen das Gefecht hin vor und zog seine krumme Klinge: da waren die weißen Gestalten mit den eingemummten Köpfen und mehrere der Karawane mit ihnen im Kampfe. Einer wandte sich sogleich gegen ihn, mit der Klinge über den Hals des Kamels nach seinem Kopfe holend, aber Abdias wusste in jenem Augenblicke, was zu tun sei: er duckte sich seitwärts an den Hals des Kamels, stieß sein Tier dicht an den Feind und stach ihn, dass ein Blutbach über das weiße Gewand strömte, von dem Sattel. Auf die Nächsten feuerte er seine Pistolen. Dann rief er Befehle, die seine Nachbarn einsahen und befolgten. - und wie die andern sahen, wie es gehe, wuchs ihnen der Mut, immer mehrere kamen herbei, und wie nur erst der zweite und dritte von den Feinden fiel, da flog eine wilde Lust heran, der Teufel des Mordens jauchzte und die ganze Karawane drängte vor ... im dünnen Schatten des Rauches, der sich bald verzogen, weil keiner Zeit zum Laden hatte, und in den Blitzen der fürchterlichen Wüstensonne, die oben stand, änderte sich nun schnell das Bild der Dinge. die früher angegriffen hatten, waren jetzt die Bedrängten. ..."

Kraftvoll, wie diese Geschichte vom schmierigen Tandeljuden ist, der sich als tapferer, wertvoller Mensch zeigt, kann man annehmen, dass ein Leser damals die arm und abgerissen den russischen Pogromen entflohenen Ostjuden, die in Wien eintrafen, nach der Lektüre mit anderem Respekt angesehen hat.

Ich fand diese Geschichte besonders deshalb interessant, weil sie von politisch korrekten Schriftstellern oft als Beweis für Stifters Antisemitismus zitiert wird, natürlich nur der erste Teil.

Albert Londres, ein großer französischer Reporter und begeisterter Propagandist des Zionismus verwendete eine ähnliche Technik in seinem Buch "Le JUIF ERRANT EST ARRIVE":

"...Überall Kinder in ihrem Hemd, Talmudlesende, weinende Frauen, Bärte von Gottbegeisterten, wilde Früchte, die nichts als ihre Haut über dem Kern haben. Und der Gestank! Es riecht, als ob verschimmelte Kadaver in eine Zwiebelsoße getaucht worden wären. Und die Luft! Keine dieser Baracken hat einen Rauchfang. Es ist das gleiche System wie bei den russischen Isbahs.

... Und der Fußboden ist aus Kot. ..."

beschreibt er jüdische Siedlungen in der ruthenischen Tschechoslowakei. Dagegen schildert er zur gleichen Periode Juden in Palästina:

"Nicht wahr fragte ich sie, die Araber haben euch angegriffen?
‚Ja!'
Ihr habt nicht von eurem Boden weichen wollen?
‚Nein!'
Und fern von dem Land in dem sie geboren sind, droschen sie ihr Getreide weiter; ihre Gewehre lagen neben ihnen.
- Ist das Glück?"

Angesichts des neuartigen Antisemitismus, der im Gefolge des siegreich sich durchsetzenden Nationalismus entstand, übernahm der Wiener Journalist Herzl diesen Nationalismus für sein eigenes Volk. Vorerst propagierte er Madagaskar als Ort des neuen jüdischen Nationalstaates. Dagegen standen damals und auch heute noch die orthodoxen Sekten, weil der Messias fehlt, der einzig berufen ist, die Juden nach Jerusalem zurückzuführen. Dagegen waren aber auch die vielen emanzipierten Juden, die sich nicht mehr unterscheiden wollten von den anderen Teilen der Bevölkerung. Sie fühlten sich wohl als Deutsche unter Deutschen oder Franzosen unter Franzosen und wollten nichts Anderes mehr sein. Erst der Nationalsozialismus änderte die Tonart. Doch nur wenige Juden konnten glauben, dass solche barbarischen Ansichten sich in der deutschen Kulturnation durchsetzen könnten.

Sie taten es aber sehr wohl und die meisten von denjenigen, die an die Widerstandskraft der Kultur glaubten, endeten in den Konzentrationslagern, deren Eingangstore mit dem Spruch verziert waren "Arbeit macht frei!" Alle die hier eintraten, begriffen bald, dass nur ein Wunder sie retten konnte. Angesichts der Aussichtslosigkeit verzagten die Einen und gaben ihr Leben in die Hand Gottes. Andere kämpften aller Wahrscheinlichkeit zum Trotz um jeden Millimeter Überlebenschance. Der abgeklärte Humor von Jahrhunderten periodisch wiederkehrender Leidenszeiten half ihnen dabei.

Mein verstorbener enger Freund Kurt Mellach verbrachte sieben Jahre seines Lebens im KZ. Hier einige der Witze, die er und Andere erfanden, um sich das Leben ein wenig aufzuheitern.

Also da sagt in der Gaskammer ein Jud zum Rebe (Rabbiner), "Rebeleben", sagt er, "sag uns, wer Recht hat: der Herschel, der Miesmacher, der sagt, das ist eine Gaskammer oder ich, der sagt, das is ein Bad. Müss' ma baden oder müss' mer sterben?"

Der Rebe denkt nach. Dann sagt er: "Darüber muss ich klären (nachdenken), aber ich war noch nie so sicher, dass ich eine Antwort find auf eine Frage."

Also da ziehn sich die Juden in der Gaskammer aus. Die meisten stehen schon, wie Gott sie geschaffen hat, da, jeder mit einem Stück Seife und einem Handtuch. Nur die fette Sara schämt sich, sich vor den Männern auszuziehen. Die Posten schreien schon: "Los, los! Marsch ins Bad hinein!" Da kreischt die Sara: "Wer mich anschaut, soll auf der Stelle sterben!"

Da sagt ein Jud:"Man kann nicht einmal sagen, man wird es überleben, dich nicht angeschaut zu haben, Sara!"

Also da stehn zwei Juden in der Gaskammer. Da sagt der Schmul schon halb erstickt zum Itzig: "Ich hab nie gewusst, dass das Wichtigste auf der Welt ein Mund voll Luft ist." Da zeigt der Itzig mit dem Finger auf das Glasfenster in der Decke, wo zwei dem Sterben zusehen und sagt: "Besser ein Mund voll Gas als denen ihre Luft." Da sagt der Schmul: "Wos hab ich davon, wenn jene es nie wissen werden und nur ich es weiß?" Der Itzig hat darauf eine Antwort gewusst, aber die ist mit ihm verbrennt.

Da steht eine Familie in der Gaskammer. Mann, Frau, Kind. Wie sie das Gas hinein schmeißen, zeigt das Kind hinauf und fragt: "Vati, war das ein Engel?"

“Ja”, sagt der Vater.

“Aber ich fürcht‘ mich vor dem Engel”, sagt das Kind, “er trägt Uniform.”

“Er hat sich verkleidet, damit die Leute rascher in den Himmel rennen, wenn er brüllt: Marsch, marsch in den Himmel. Gib mir die Hand, Moischele, wir müssen jetzt rennen.”

Und da war in der Gaskammer ein Lehrer und ein Schüler. Sie beteten das Sterbegebet. Da lobt der Lehrer den Schüler: “Siehst du, Jossele, wie gut, dass du das so brav gelernt hast. Das kann man im Leben immer brauchen.” Und der Lehrer betet: “Groß und geheiliget sei der Name des Herrn. Sprich nach”, sagt er zum Schüler.

Da sagt der Jossele, dem die Luft wegbleibt, nur rasch: “Heil”.

Also da sind zwei Juden in der Gaskammer gestanden. Sie haben wegen Nachschubschwierigkeiten mit Gas gespart. Da haben die zwei Juden Zeit gehabt, sich auszumalen, was sie Jenen, wie sie sagten, für Strafen an den Leib wünschten. Schließlich sagt ein weiser Rebe, der ihnen zugehört hat:

“Was ihr euch da ausdenkt, wäre alles eine Belohnung. Nicht bestraft sollen sie werden. Nicht verfolgt sollen sie werden, und freigesprochen vor Gericht, sollte man sie wirklich vor Gericht stellen. Und ihr Gewissen wird sie nicht drücken. Das Essen wird ihnen schmecken und das Saufen und gut schlafen werden sie. Sie müssen bleiben, was sie sind. Das ist ihre Strafe.”

XI.

Alchemie
oder die Verwandlung von Dynamit in Frieden

Die Zeit um die Jahrhundertwende wimmelte von Utopisten. Ein Utopist ist sich sicher, dass sein Traum, einmal verwirklicht, die Welt endlich zum Besseren führen wird. Denn das Bessere, dafür stehen alle ein. Die nationalistischen Utopisten machten da keine Ausnahme. Sie zerbrachen sich den Kopf darüber, wie der Sieg des Guten - ihrer Nation - über die Welt zum Wohle dieser Welt zu bewerkstelligen wäre.

Der Weg hin zum Sieg war aus der Natur der Sache heraus ja schon ein bisschen vorgezeichnet. Vorerst musste die Grundidee in der eigenen Nation durchgesetzt werden und die unvermeidliche Gewalt gehörte einfach zu gesunden Geburtswehen. In Deutschland, zum Beispiel, da ging es um die Nationsgründung, ebenso wie in Italien. Aber das waren Nationen mit zahlreicher Bevölkerung. Die Chance, eine Weltmacht zu werden und nach Möglichkeit überhaupt die Weltmacht aller Weltmächte, die lag hier drin. Die kleinen Nationen hatten da Schwierigkeiten mit der Perspektive. Nur die slawischen Völker fanden einen eleganten Ausweg: erst musste die eigene, kleine, Nation geeint und befreit werden, dann erst konnten die fortschrittlichsten Kräfte der panslawischen Nation das Banner diesen rückständigen "Duodezrepubliken" entreißen.

Diesen Utopisten der Weltherrschaft stand die Schar der demokratischen Realisten gegenüber, die begriffen, dass solche Träume nur in Katastrophen enden konnten. Sie zielten darauf hin, Interessenskonflikte zwischen den Ländern über die Suche nach Kompromissen zu lösen, nicht sehr weit entfernt von der demokratischen Methode der Konfliktlösung innerhalb der zivilen Gesellschaft. Berta von Suttner, eigentlich eine Kinsky aus dieser österreichisch-tschechischen Aristokratenfamilie, die heute eher durch ihre Schauspieler bekannt ist, war eine solche Realistin. Kein Wunder, dass sie Dichter anzog:

"Hochverehrte Frau! Wenn mir etwas das Herz warm machen kann, so ist es die große Sache, in der Sie so hervorragend tätig sind: der Krieg gegen den Krieg! In dieser Sache bin auch ich sehr kriegslustig, wie ich nach meinen geringen schriftstellerischen Kräften oft gezeigt habe und noch manchmal zu zeigen hoffe. Ja freilich haben Sie, verehrteste Frau, meinen Namen; auf einer so ehrenwerten Stelle ist er wohl noch nie gestanden, als er da stehen wird unter den Freunden des Friedens. Abschaffung des Krieges ist scheinbar eines der fernsten Ideale und doch erreichbar, weil es in der Macht menschlicher Gemeinsamkeit liegt. Die Menschen haben den Frieden wenn sie ihn wollen ... Peter Rosegger."

Aber exaltierte Feuerköpfe stieß diese Haltung ab:

„Es galt den edlen Männern aller Zeiten Als ihres Strebens schönster, höchster Lohn, Fürs Vaterland zu kämpfen und zu streiten Als ganzer Mann und als getreuer Sohn.

Und rief die Not sie alle auf zur Wehre - Da fehlte ‚k e i n e r' in den wackern Reih'n, Sie waren stolz, sich auf dem Feld der Ehre Mit Leib und Blut dem Vaterland zu weihn.

Doch heute sind verhallt die Kampfeslieder, herein bricht eine neue feige Zeit, Erbärmlich murmeln sie ‚Die Waffen nieder', Genug, genug, wir wollen keinen Streit...“

Rainer Maria Rilke schrieb das Gedicht mit 17 Jahren unter dem Pseudonym "Rene Nilke". Einige Jahre später öffnete ihm Lou Salome zärtlich die Augen und danach schrieb er Besseres.

In Bezug auf die Überzeugung großer Persönlichkeiten gelang der Suttner das Glanzstück sicherlich mit Alfred Nobel. Der Schwede, der wie kein anderer vor ihm die Spreng- also praktisch die Kriegstechnik mit der Erfindung von Dynamit, Ballistite, Cordite und Detonatoren (in den Granaten) vorangetrieben hatte, mochte nicht gerade wie das Urbild eines militanten Pazifisten erscheinen. Worte wie:

"Ich möchte einen Stoff oder eine Maschine schaffen können von so fürchterlicher, massenhaft verheerender Wirkung, dass dadurch Kriege überhaupt unmöglich würden...",

Bertha von Suttner verstand ihn:

"Ich weiß sehr gut, dass, wenn Sie eine solche Maschine erfinden, dies zum einzigen Zweck tun, den Krieg u n m ö g l i c h zu m a c h e n, und das ist die vornehmste aller Erfindungen."

Von diesem Brief an ließ es Nobel nicht mehr bei Worten bewenden, und seien es erhabene. Er unterstützte die gute Sache mit Geld, gründete den nach ihm benannten Friedenspreis, den die Suttner als Erste bekam, blieb aber skeptisch über die Erfolgsaussichten:

"Meine liebe Freundin! Erfreut bin ich zu sehen, dass Ihr beredter Appell gegen diesen Schrecken der Schrecken, den Krieg, seinen Weg in die französische Presse gefunden hat. Ich fürchte aber, dass neunundneunzig Prozent der französischen Leser chauvinismus-krank sind. Zwar

60

ist die hiesige Regierung fast bei Sinnen; das Volk hingegen wird erfolgs- und eitelkeitstrunken. Eine freundliche Art von Vergiftung, weniger schädlich als Weingeist oder Morphium - wenn er nicht zum Krieg führt. Und wohin mag Ihre Feder nun fortgehen? Nachdem sie mit dem Blut der Kriegsmärtyrer geschrieben hat, wird sie uns nun die Aussicht auf ein zukünftiges Märchenland oder das weniger utopische Bild eines Reiches der Denker zeigen? ... Meine Sympathien gehen in diese Richtung, aber meine Gedanken schweifen meist in ein anderes Reich, wo verstummte Seelen gegen Unglück gefeit sind. ...". "...An der Sache und ihrer Berechtigung - nein, daran zweifle ich nicht, nur daran, ob sie durchgesetzt werden kann - auch weiß ich noch nicht, wie Ihre Vereine und Kongresse das Werk anpacken wollen...". "...Meine Fabriken werden vielleicht dem Krieg noch früher ein Ende machen als Ihre Kongresse: an dem Tag, da zwei Armeekorps sich gegenseitig in einer Sekunde werden vernichten können, werden wohl alle zivilisierten Nationen zurückschaudern und ihre Truppen verabschieden." (Alle Zitate aus Hamann, 1986)

Beide irrten sich über die Erfolgsaussichten der eigenen Strategie der Kriegsverhinderung. Weder der Suttner mit ihren Friedenskongressen noch Nobel mit seiner Theorie der Abschreckung gelang es, den aufsteigenden Weltkrieg zu verhindern. Aber wenn auch in anderer Form, ihre Ideen sind dabei, sich zu verwirklichen wie die Geschichte der atomaren Abschreckung und der damit verbundenen Abrüstungskonferenzen zeigt. Angesichts der Horrorvision des Wettbewerbs hin zum "Krieg der Sterne" begannen ernsthafte Bemühungen, handfeste Ergebnisse zu bringen. Zwar glaubte niemand, dass der Krieg der Sterne je stattfinden könne, aber das Ganze kam einfach zu teuer, der totale Wirtschaftsbankrott stand nicht nur der östlichen, sondern auch der westlichen Supermacht ins Haus. Vor dieser Gefahr schauderten alle zivilisierten Nationen zurück und begannen, mit aller Vorsicht, vorerst ihre Truppen zu verringern.

Vor 90 Jahren sah es jedenfalls noch nicht so gut aus. Die zwei großen Strömungen dieser Zeit - die der Imperiengründer und die der Gründer einer neuen, friedlichen Weltordnung - entwickelten sich nebeneinander, mit Erfolgen und Rückschlägen für jede Seite. Aber zumindest innenpolitisch schien sich ein klarer Positionsvorteil für die demokratischen Kräfte herauszukristallisieren. Tatsächlich wurde das Prinzip der Demokratie an sich kaum wirklich in Frage gestellt. Die Diskussion ging mehr darum, welche Schicht der Bevölkerung an ihr teilhaben sollte. Doch erkämpften sich große Teile der Bevölkerung im kontinentalen Europa bisher den gehobenen Klassen vorbehaltene demokratische Rechte, ein Erfolg, der im Mutterland der Demokratie, in England, erst nach dem Weltkrieg errungen wurde. Die Fortschritte der demokratischen Kräfte im Inneren gab jedenfalls Hoffnung auf Fortschritte auch in den Beziehungen zwischen den Völkern.

Angesichts des steigenden Willens der nationalistischen Kreise aller Länder, die Frage der Vorherrschaft ihres Landes in Europa auf dem Schlachtfeld zu lösen, forderte der radikale Flügel der europäischen Arbeiterbewegung, den Krieg mit allen Mitteln zu verhindern, bis hin zu Generalstreiks und dem allgemeinen Aufstand der Arbeiterschaft. Der Konsens der auf dem Kongress der II. Internationale im August 1907 in Stuttgart erarbeitet wurde fiel bescheidener, aber vielleicht etwas realistischer aus. Im Fall des drohenden Kriegsausbruches sollten die arbeitenden Klassen und ihre parlamentarischen Vertreter, unterstützt vom Büro der Internationale verpflichtet sein, alle Mittel anzuwenden die ihnen wirksam erschienen den Ausbruch eines Krieges zu verhindern.

Wie man am Beispiel der Suttner und Nobels sehen kann, waren die Kräfte, welche sich gegen den Imperialismus ihrer Nationen und den damit verbundenen Rassismus stellten ziemlich breit gefächert. Vom liberalen Bürgertum bis hin zu den fanatischen Anarchisten waren die verschiedensten Richtungen vertreten, die innenpolitisch allerdings meist mit Lust und Liebe aufeinander eindroschen. Aber die Imperialisten, Kolonialisten und Rassisten aller Schattierungen verloren ihre Zeit auch nicht. Der große nationalistische Erfolg des Jahrhunderts waren der deutsche und der italienische Durchbruch zum Nationalstaat. Oder um es genauer zu sagen, ein guter Teil des deutschen Sprachraums wurde im Namen des Fortschritts und im Interesse der deutschen Nation unter Bismarck und dem Hause Hohenzollern ohne Zimperlichkeit unter die Vorherrschaft Preußens gebracht. Italien seinerseits wurde von Piemont und seinem Haus Savoien auf Vordermann gebracht und dabei floss auch ganz schön Blut. Und so wie viele die preußische Vorherrschaft drückend empfanden, so gab es auch in Italien Widerstand gegen die wirtschaftliche Übernahme der Halbinsel durch das piemontesische Bürgertum und eines guten Teils des Staatsapparats durch die piemontesische Aristokratie. Aber alle war klar, dass gegen die hehre Idee des Nationalstaates nichts zu machen sei. Das war nämlich der Fortschritt.

So gab es also vier Staaten in Europa, deren Staatsdoktrin in einem aggressiven Nationalismus bestand. Ihre Eliten waren fest überzeugt davon, dass ihre Nation zur europäischen Großmacht bestimmt sei, Ausgangspunkt zur Verwirklichung weltweiter Ziele. Sicher, die nationalen Eliten hatten nicht die gleiche Sicht der Dinge. Der italienische Imperialismus sah im Niedergang des ottomanischen Reiches enorme Möglichkeiten, rund um das Mittelmeer eine unüberwindliche Machtgrundlage aufzubauen, gewissermaßen die moderne Version des römischen Weltreiches. Der

62

russische Nationalismus rechnete mit den unerschöpflichen Ressourcen seines sibirischen Hinterhofs um seine Wirtschaft modernisieren zu können. Inzwischen konnte sich der Panslawismus als trojanisches Pferd im ganzen Balkan entwickeln, der schließlich die "Vereinigung mit dem Mutterland" und damit die Beherrschung des ganzen Balkans durch Russland bringen sollte. Die Konkurrenten, welche die ähnlichsten Ziele hatten und daher am feindlichsten einander gegenüber standen, das waren das imperialistische Deutschland und das imperialistische Frankreich. Dem großbritannischen Weltreich ging es mehr um die Erhaltung seines Imperiums und somit darum, die Konkurrenten gegeneinander auszuspielen.

Logischerweise war es die europäische Macht, welche am meisten vom nationalistischen Fieber zu fürchten hatte, also Österreich-Ungarn, welche die Apokalypse auslöste. Konkret handelte es sich um Serbien, dahinter stand der Panslawismus, aber im Grund warteten alle nur auf das Zünden einer Sprengkapsel. Lange Zeit hindurch war es den Habsburgern gelungen, die Nationalisten der verschiedenen Völker des österreichisch-ungarischen Kaiserreiches zu neutralisieren. Abwechselnd bedienten sie sich der Konservativen, der Liberalen, und schließlich der Sozialdemokraten, um den Vielvölkerstaat zu bewahren. Dr. Bohumil Smeral, der Generalsekretär der tschechischen Sozialdemokraten, auf dem Parteitag im Jahre 1913, im Bemühen, die tschechischen Tendenzen zur Absonderung abzubremsen:

"...Es ist nicht ausgeschlossen, dass wir in einer Periode katastrophaler Umwälzungen unser Staatsrecht durchsetzen können. Für uns als Nation und als Land wäre es das Ärgste. Wir würden vorübergehend selbständig werden aber nur, um von zukünftigen Siegern als Beute eingesteckt zu werden... Wenn Österreich-Ungarn sich nicht halten sollte, dann werden die Flammen eines neuen 30-jährigen Krieges über Europa zusammenschlagen..." (Aus dem Archiv von Leopold Grünwald, Mitbegründer der KPTSCH)

Smeral irrte sich nur um geringes. 29 Jahre später, 1942, wurde Lidice dem Erdboden gleich gemacht. Jan Masaryk, der Sohn des Gründers der tschechoslowakischen Republik (in der übrigens die Tschechen die gleiche Rolle spielten wie anderswo die Preußen und Piemontesen), wurde 1947, 34 Jahre später, "selbstgemordet".

Eine Menge Leute irrte sich nicht mit ihren Prophezeiungen. Aber die ekstatische Selbstaufgabe im Dienste der hehren Rettung des Vaterlands riss die meisten mit, zumindest so lange es noch nicht so weh tat.

Schließlich waren es die Vereinigten Staaten, welche die Entente retteten. Aber die Amerikaner hatten ihre eigene kleine Idee im Hinterkopf sitzen: dieser Spinner von Wilson - aber immerhin war er Präsident und das musste man ja würdigen - also der wollte den Krieg als Kampf für die Demokratie verstanden wissen. Das sollte gleich weltweit geschehen, vor allem was das Recht der Völker auf Selbstbestimmung betrifft. Sein Glanzstück waren die "Vierzehn Punkte", dessen wohl am weitesten in die Zukunft reichender Punkt dieser war:

5.) Eine freie, offene und absolut unparteiische Regelung der kolonialen Streitfälle und unter genauester Berücksichtigung des Prinzips, das verlangt, dass die Interessen der betroffenen Bevölkerungen ebenso viel Gewicht haben wie die der Regierungen, deren Ansprüche zu bestimmen sind, wenn es um Fragen der Souveränität geht.

Die Hausherren der Kolonien fanden das ein arges Kukuksei, doch es lag nicht an ihnen, Bedingungen bei den Verhandlungen um die Hilfe Amerikas zu stellen. So waren schließlich alle kolonialistischen und imperialistischen Mächte wohl oder übel gezwungen, am "Zirkus" des Völkerbunds teilzunehmen. Sicher, die Ergebnisse von Wilsons hehren Bestrebungen konnten zum Großteil neutralisiert werden. Aber Prinzipien, wenn sie nur erst einmal ins öffentliche Bewusstsein gedrungen sind, haben eine arg subversive Kraft.

XII.

Lenin -

Schwarm der Politiker der Zwischenkriegszeit

Der Ausbruch des Ersten Weltkriegs war der Sieg der Utopisten, welche die Welt bereits von ihrer Nation beherrscht sahen. Das Ende dieses Krieges und die Gründung des Völkerbundes brachten den Sieg der Realisten, die begriffen hatten, dass die Menschheit auf lange Sicht nur dann überleben konnte, wenn die Völker sich mit einander vertrugen. Lenin war einer der Gegner aller nationalistischen Strömungen und Ideologien, dessen Vorstellungen sich in Russland mit Kriegsende verwirklichten. In manchen Punkten war dabei seine Zielsetzung radikal, in anderen Punkten begrenzt. Einerseits war er für die totale Demokratie, allerdings bei Ausgrenzung derjenigen aus dem zukünftigen demokratischen gesellschaftlichen Leben, die er selber als schlechte Demokraten definierte. Nach Lenin lag das Problem darin, dass diese Elemente, aus ihrer objektiven Klassensituation heraus, gar nicht anders konnten als alles zu tun um einen möglichst großen Teil der Bevölkerung vom Mitwirken an den Angelegenheiten der Gesellschaft abzuhalten.

Auf Grund dieser Analyse hatten die Bolschewisten prinzipiell nichts zu beweisen. Aus ihrer objektiven Klassensituation heraus konnten sie gar nicht anders, als alles tun um die gesamte Bevölkerung zur Mitwirkung am demokratischen Prozess zu bringen. Im Dienst des Demokratischen Zentralismus konnten sie sich daher demokratistische Sentimentalitäten ersparen. Der Demokratische Zentralismus war in dieser Sicht nämlich die Vorbedingung zur schließlichen Verwirklichung der realen Demokratie. Er sollte die höchste Stufe der Demokratie freimachen, diejenige, welche im Verlauf der Verwirklichung des Marxismus mit der Erreichung des Kommunismus möglich werden würde.

Lenin traf hier eine problematische Entscheidung, wie sie die Menschheit mit jeder gesellschaftlichen Umwälzung von neuem in völlig unerwartete Schwierigkeiten bringt. Welches Potential der Entwicklung in welche Richtung kann eine gesellschaftliche Organisationsform auf lange Sicht mit sich bringen? Das hat schon, also sagen wir, gleich nach der Urgeschichte angefangen, wenn nicht schon früher. Damals ging es darum, dass man ja mit der Erfindung des Ackerbaus gezwungen war, sesshaft zu werden. Die Schwierigkeiten kamen nicht einfach daher, dass die Leute es nicht gewohnt waren. Dafür hatten sie ja schließlich mehr zu essen.

Als Sammler und Jäger, das lässt sich heute noch bei den Pygmäen beobachten, kommen kleine Gruppen, praktisch zwei oder drei Kernfamilien, leichter durch alle Fährnisse als große. Überschwemmungen, Feuersbrünsten, Einfällen von bösartigen Nachbargruppen, all dem kann man in kleinen Gruppen schneller und leichter entgehen. Wenn man jedoch an ein Feld oder eine Herde gebunden ist, wird plötzlich alles komplizierter. Die Felder sind leichter auszumachen, Tierherden, denen die Feldfrüchte schmecken, müssen abgewehrt werden. Dazu braucht man immer wieder eine Mindestzahl von arbeits- und wehrfähigen Mitgliedern der Gruppe, sonst schafft man es nicht.

In der losen Gemeinschaft, wie bei den Pygmäen noch heute, hat man's leichter. Ein Paar kann problemlos in der Wildnis leben. Hat man Lust, Freunde zu sehen, weiß man schon, wo man suchen kann und zu großen Treibjagden kommt dann alles mit Begeisterung aus weitem Umkreis zusammen. Schlechter ist es, wenn durch Katastrophen der einen oder anderen Art plötzlich alle Nahrungsmittelquellen versiegen. Irgendwer überlebt aber dann immer noch und kann wieder von vorne anfangen.

Eine Siedlung von Ackerbauern oder eine Gruppe von Nomaden mit ihren Herden darf nicht unter eine gewisse Zahl von arbeits- und wehrfähigen Mitgliedern sinken, ohne in unmittelbare Überlebensgefahr zu geraten - ob Äcker oder Herden, sie müssen gewartet und geschützt werden. Es ist anzunehmen, dass es Versuche vieler Art gab, dieses Problem zu lösen. Weltweit hat sich allerdings ein einziges Modell durchgesetzt und das, wahrscheinlich, weil es ohne äußeren Zwang aus seiner eigenen Logik heraus funktioniert. Die Gruppe, welche sich nicht nach diesem Schema verhält überlebt einfach nicht auf Dauer. Kurz, ob Ackerbauer oder Viehzüchter, sie alle haben die Geschwistergruppe als Kernzelle der Gesellschaft übernommen. Bei den Pygmäen etwa bildet das Paar die Kernzelle der Gesellschaft. Mann und Frau haben, wie überall, auch bei den Pygmäen immer wieder die Tendenz, sich von den Anderen abzusondern. Aber damit, dass sie allein durch den Urwald ziehen, bringen sie sich ja nicht in Gefahr. Sie ziehen unbeschwert von umfangreichem Gepäck durch den dichten Urwald, sie können bei Gefahr blitzschnell im Unterholz oder in einer dichten Baumkrone verschwinden.

Das Kolumbusei der ersten - wahrscheinlich erst aus diesem Grund erfolgreichen - Ackerbauer war es, die Geschwistergruppe, die Fratrie, als Zentralpunkt aller Beziehungen zu nehmen. Wenn die Kernzelle der Gesellschaft aus der Gruppe der Geschwister vom gleichen Vater oder von der gleichen Mutter besteht, entsteht ein Geflecht von starken Gefühlen der Zusammengehörigkeit beziehungsweise der Verwandtschaft, durch welches ohne Einfluss einer übergeordneten Stelle, etwa eines Häuptlings oder Medizinmannes, mindestens etwa dreissig erwachsene Personen zusammen bleiben. Wie man bei den Herren der Pygmäen, den Bantu feststellen kann, setzen sich Tendenzen der Aufsplitterung erst wieder bei etwa hundertfünfzig Personen durch. Hier reichen die persönlichen Beziehungen nicht mehr in alle Richtungen, Streit ergibt sich und schließlich zieht eine Sippe ein paar Dutzend Kilometer weiter und errichtet ein neues Dorf.

Wenn die Kernzelle einer Gesellschaft aus Vater und Mutter besteht, sind die Kinder Bestandteil dieser Kleinfamilie. Alle verwandtschaftlichen Beziehungen werden vom Ausgangspunkt "Vater und Mutter" her bestimmt. Das ist jedermann kristallklar.

Wenn nun die Geschwistergruppe Kernzelle der Familie ist, dann bekommt das Wort "Familie" einen völlig anderen Sinn und alles wird, zumindest für uns, undurchsichtig. Die Bindung zur eigenen Geschwistergruppe jedes der zwei Teile eines Paares ist stärker als die zwischen dem Paar. Mit den Kindern kommen dann noch verwirrendere Faktoren ins Spiel.

Wann Mann und Frau nicht selbst einen Familienkern bilden, sondern verschiedenen, Familien angehören, zu welcher Familie gehören dann die Kinder? Es gab welche unter diesen ersten sesshaften Stammesgesellschaften, die lösten diese knifflige Frage damit, dass sie die Kinder der Fratrie der Mutter zurechneten. In dieser matrilinearen Ordnung hat der älteste Bruder jeder Schwester die Stellung, welche bei uns der Familienvater einnimmt. Seine Brüder sind so etwas wie Zweitväter und die Schwestern so etwas wie Zweitmütter. Der Platz im Gefühlshaushalt des heran wachsenden Kindes welchen bei uns Onkeln und Tanten einnehmen, besetzt in diesem System die Fratrie des Vaters. Erst wenn alle anderen Angehörigen der Mutterseite weg sterben sollten, tritt die Fratrie des Vaters in die vollen elterlichen Rechte und Pflichten zum Kind. Waisen gibt es bei diesem System sowieso nur extrem selten.

Andere Stammesgesellschaften wählten das patrilineare System. Alles ist hier spiegelverkehrt zum matrilinearen System und damit wird die Situation ja auch schon ein bisschen klarer für uns. In bezug auf die Notwendigkeiten der Stammesgesellschaften, die Ackerbau trieben, waren jedenfalls beide Versionen gleichwertig.

Die Urväter, die diese Systeme entwickelten konnten nicht ahnen, dass im patrilinearen System ein erstaunliches Potential steckte. Im matrilinearen System hat ein mächtiger Häuptling niemals seinen unmittelbaren Sohn zum Erben seiner Würden und Besitztümer, sondern die ältesten Söhne seiner Schwestern. Das bringt auch heute noch bei zentralafrikanischen Völkern mit jedem Ableben einer mächtigen Persönlichkeit eine komplizierte Umverteilung von Würden und Besitztümern zwischen den verschiedenen Neffen mit sich, die sich über Jahre hin ziehen kann. In der patrilinearen Version dagegen ergibt sich meist - muss aber nicht immer - eine Situation, wo der älteste Sohn Vollerbe eines machtvollen Häuptlings wird, der selber ältester Bruder einer Geschwistergruppe und ältester Sohn eines Häuptlings war. Reichtum und Macht bleiben hier in der bereits vorbereiteten Hand und es ist unter solchen Umständen oft nur mehr ein kleiner Schritt zum Entstehen eines in direkter Linie erblichen Herrscherhauses bis hin zum Königreich. "Kleine Schritte" dauerten damals allerdings leicht ein paar Generationen.

Später, bei den Feudalgesellschaften, lässt sich ebenfalls leicht feststellen, dass die drei europäischen, im Prinzip gleichwertigen, Versionen der feudalen Art, die Gesellschaft zu organisieren, eher verschiedene Lebensarten herbeiführten. Die Weichen wiesen einfach nicht in die selbe Richtung.

Auf gegebene Fragen hatten die diversen Theoretiker des Sozialismus verschiedene Antworten anzubieten. Niemand konnte von vorneherein sagen, welches Zukunftspotential seine Antwort denn hätte, niemand stellte auch nur die Frage. Nicht nur in der Politik ist jedermann davon überzeugt, sowieso die einzig richtige Idee zu haben. Lenin, jedenfalls, stellte seine Antworten am lautstärksten als die einzig richtigen marxistischen Antworten dar. Den Erfolg brachte vorerst die angewendete Methode. Wohin sie tatsächlich führen würde, das stand aber nicht in den theoretischen Schriften Lenins.

Der praktische Erfolg des leninistischen Zentralismus begeisterte vorerst die europäischen Politiker der Zwischenkriegszeit. Es ist vielleicht notwendig, zu betonen, dass es sich um den Erfolg der Methode handelte der beeindruckte, nicht um den Inhalt von Lenins Revolutionsstrategie. Vielmehr brachten die Roten Garden den guten Bürgern Europas das kalte Grausen bei. War man am Ende der Gesellschaft angekommen, so wie sie sich in Europa und Nordamerika herausgebildet hatte, der bürgerlichen und demokratischen Gesellschaft? Die internationale Arbeiterbewegung, diese "Organisation des Pöbels", machte weltweit immer bedrohlichere Fortschritte. In Deutschland konnte man nur mit letzter Kraft die proletarische Revolution zerschlagen. In Ungarn, Italien, in Frankreich, überall waren die revolutionären Kräfte im Vormarsch. Nur die Zersplitterung in sich bekämpfender Richtungen verhinderte noch die

68

Katastrophe. Und wenn sich morgen weltweit die Arbeiterbewegung vereinigte?

Eine steigende Zahl von gar nicht dummen Politikern sah in Lenins eigenen Methoden die einzige Rettung aus der Gefahr. Hatte er nicht gezeigt, dass man durch radikale Zentralisierung und Hierarchisierung des Parteiapparats, durch konsequentes Ausschalten dieser Spinner und Störenfriede, der Humanisten und Pazifisten, und auch sonst aller Gegner, einen irren Erfolg haben konnte? Überall wurde die Botschaft Lenins empfangen, in fast allen Parteizentralen wurden die Apparate nach leninschem Muster auf Vordermann gebracht, ganz offensichtlich die einzige Methode mit der die Flut des Bolschewismus und der Untergang der abendländischen Zivilisation aufgehalten werden konnte. Vor dem Ersten Weltkrieg drehten sich die politischen Diskussionen außerhalb des nationalistischen Themas vor allem um die Frage "Demokratie für wen?". Nach der Oktoberrevolution gingen die Diskussionen vor allem um die Frage: "Welches Gesellschaftssystem wird das unseres Landes sein?" Es wurde immer selbstverständlicher, zu planen, dass man nach dem Erringen der absoluten Mehrheit die nationale Gesellschaft nach der eigenen Vorstellung von der idealen Gesellschaft umgestalten würde und das war halt das Pech der Anderen.

Es war nicht ganz so, dass "Demokratie" völlig außer Mode gekommen wäre. Das traf nur für die verschiedenen Faschisten zu. Aber wie bei Lenin sollte Demokratie nur im Innern des eigenen Modells angewendet werden und auch nur denen gegenüber, die zum ganz engen Kreis gehörten. In den meisten europäischen Parteien gilt das Prinzip heute noch.

In dieser Psychose der Ausgrenzung musste auch der Rassismus über alle Maßen ansteigen. Im amerikanischen Bundesstaat Virginia wurde 1931 ein Gesetz erlassen, nach dem es verboten war, Schulbücher für weiße und für schwarze Kinder nebeneinander zu lagern. Heute tut man oft so, als wäre der Hitlersche Rassismus eine krankhafte, isolierte, menschliche Verirrung gewesen. In den späten Zwanzigerjahren und bis zum Krieg waren die nationalsozialistischen Ideen weltweit bekannt und wurdenfür sehr interessant gehalten.

Überall waren die Demokraten in der Defensive. Die große Idee des Völkerbunds versandete in kraftlosen Redereien. Erst Franklin Delano Roosevelts Wahlsieg gab etwas neue Hoffnung. Würde sich der Rassismus im Westen durchsetzen oder hatte die Demokratie etwa doch noch eine Chance?

XIII.

Nationalismus unter fremden Sternen

Alle Völker dieser Erde sind Ethnozentristen, sie sehen nur ihren eigenen Nabel. Die "Anderen" werden deswegen nicht gleich als Feinde angesehen. Ganz im Gegenteil, man ist neugierig und möchte sie gerne kennenlernen. Aber es ist jedem doch immer bewusst, dass die "Anderen" uns "nicht verstehen" können, denn wir sind doch wirklich etwas Besonderes. Und auf jeden Fall weiß man, dass man in gefährlichen Zeitläuften bei seiner eigenen Ethnie immer noch Zuflucht finden kann. Wie etwa die Japaner, die sich einige hundert Jahre lang freiwillig von der Welt zurückzogen, ja abkapselten, als sie begriffen, dass es um ihre Existenz ging.

Das war die glorreiche Zeit der "Conquista", der Eroberung des amerikanischen Kontinents. Die ganze Welt schien langsam der Kriegsmaschine zum Opfer zu fallen, die der europäische Kontinent entwickelt hatte. Die Japaner waren dabei aufmerksame Beobachter. Ihre Shoguns engagierten - mit ein bisschen Nachhilfe durch Schwertspitzen - intelligente europäische Seeleute, die an der Küste gestrandet waren, und ließen sich bis in alle Einzelheiten berichten, was auf der anderen Seite des Pazifiks über die Bühne lief. Darüber hinaus auch, was es eigentlich mit dem Dauerkrach zwischen Protestanten und Katholiken auf sich hatte. Das war nämlich eine Einzelheit, die den Japanern lange Zeit an den Europäern völlig unverständlich blieb.

Während des 15. Jahrhunderts hatten die Japaner bereits eine seetüchtige Handelsflotte entwickelt und begannen, als Händler und Frächter über ganz Südostasien auszuschwärmen. Aber kaum hatten sie neue Handelswege eingerichtet, die notwendigen Verträge mit den lokalen Herrschern über die Benützungsrechte an geschützten, strategisch liegenden Häfen abgeschlossen, als die Portugiesen auftauchten und später die noch gefährlicheren Holländer.

Vor der überlegenen Bewaffnung der europäischen Konkurrenz mussten die Japaner den Rückzug antreten. Als diese Chinesen nämlich das Pulver erfanden, war ihnen und ihren japanischen Schülern dummer Weise nicht mehr dazu eingefallen als Feuerwerke damit herzustellen.

Bald hatten die Europäer sich solide im asiatischen Frachtgeschäft eingerichtet. Ein lang andauernder Bürgerkrieg gestattete es den Portugiesen, sich auch in Japan festzusetzen. Dabei gelang den Jesuiten in ihrem Gefolge über eine große Zahl von Bündnisverträgen mit lokalen Herrschern die Taufe fast der Hälfte der japanischen Bevölkerung. Nur war es war halt eine Bekehrung auf japanisch. In einer völlig unbefangenen konfuzianischen Perspektive befahlen die japanischen Lokalherrscher ihren Untertanen, sich ein bisserl Wasser über den Kopf schütten, also taufen zu lassen, denn im Gegengeschäft erhielten sie moderne Waffen dafür. Das Christentum war in japanischer Sicht bloß ein zusätzlicher religiöser Ritus, man hatte schließlich auch andere übernommen. Heute noch findet es eine japanische Familie völlig normal, mittags als Buddhisten vegetarisch zu speisen und abends bei einer shintoistischen Feier ein leckeres Fleischgericht zu genießen. Die ersten Missionare, die Jesuiten, begriffen das zwar schnell, warteten aber geduldig ihre Zeit ab.

Gegen 1550 kamen die Franziskaner in, wie sie glaubten, dieses schon bekehrte Land. Sie wollten es besser machen als ihre jesuitischen Konkurrenten und erwirkten vom Papst ein Edikt, in welchem den Christen die Ausübung jeder anderen Religion verboten wurde, einschließlich der Verehrung des Kaisers. Die Shoguns, welche die tatsächliche Macht ausübten, waren bestens über das Schicksal der Azteken und Inkas auf der anderen Seite des Pazifiks informiert und ahnten Extremes auf Japan zukommen. Aus den Vorgängen im amerikanischen Nachbarkontinent und aus dem Verhalten der Missionare in Japan hatten sie geschlossen, dass das Christentum bloß ein Mittel sei, fremde Völker zu unterjochen.

Tokugawa Iyeyasu, der große Einiger Japans, jagte schließlich Anfang des 17. Jahrhunderts die Missionare aus dem Land, rottete diejenigen Japaner aus, die das Christentum nicht aufgeben wollten und schloss das Land gegen alle Fremden ab. Nur im Hafen von Nagasaki gab es eine Berührungsstelle mit dem Ausland. Da ihn seine seemännischen Informanten auch darüber informiert hatten, dass die Europäer alle anderen Rassen für minderwertig hielten, drehte er den Spieß um und erklärte die Europäer für minderwertig und die japanische Rasse für die Allerbeste..

So kam es, dass es schließlich doch einem Volk gelang, seine Eigenständigkeit dem Westen gegenüber zu behalten, ohne deswegen in seiner allgemeinen kulturellen und zivilisatorischen Entwicklung stecken zu bleiben. Hätten die Azteken das geschafft, dann hätten wir halt jetzt Probleme mit dem Handelsüberschuss der Azteken.

Ihren Eintritt in die westliche Neuzeit in der Mitte des vorigen Jahrhunderts schafften die Japaner nach fünfzig Jahren Vorbereitung entwicklungsmäßig auf dem Niveau Italiens. "Vorbereitung" hieß dabei vor allem, die verschiedenen Länder Europas und Amerikas zu besuchen und zu untersuchen, welche Probleme der modernen gesellschaftlichen Organisation jeder am Besten zu lösen vermochte. Auf dieser Grundlage wurden die Modelle ausgewählt, welche für den Aufbau einer unter weltweit gegebenen Bedingungen effizienten Organisation der Gesellschaft brauchbar waren.

Hauptsächlich ging es dabei um Dinge wie Verwaltung, Gerichtsbarkeit, Schulwesen, Medizin, Kriegswesen und Ähnlichem. Als notwendig wurde aber auch die Formulierung einer politischen Ideologie empfunden. Von vorneherein neigten da die Vertreter der zivilen Gesellschaft zur Demokratie und ein guter Teil der Aristokratie und des ehemaligen niederen Adels, der Samurais, die als Stand allerdings abgeschafft wurden, zum Imperialismus. Wann in dieser interessanten Perspektive schon ein Volk die Weltherrschaft antreten sollte, warum dann nicht gleich das japanische? Das Zeug dazu fühlte man in sich.

Die gewonnene Seeschlacht von Tshushima, 1904, und die Eroberung von Korea zeigten jedenfalls den Einen und den Anderen, dass man mit dem Rezept "Imperialismus" ganz schöne Ergebnisse erzielen konnte. 1927, kaum 25 Jahre nachher, schrieb der Premierminister Tanaka einen Brief an seinen jungen Kaiser Hirohito. In diesem Brief definierte er in allen Einzelheiten die von Japan anzuwendende Strategie um zur Weltherrschaft oder zumindest der Herrschaft über Asien zu gelangen. Dieser "Lange Marsch" zur Weltherrschaft müsste zwangsläufig mit China beginnen, meinte er, und so wurde es dann ja auch versucht.

Es mag merkwürdig klingen, aber es war dem japanischen Imperialismus nie gelungen, ein Pendant zum europäischen zentralistischen Nationalismus zu entwickeln. Nur ein Teil des Offizierskorps, der sich als so etwas wie geistiger Erbe der Samurais fühlte, arbeitete intensive in diese Richtung. Die Schicht der Samurais war traditionell zur Wacht über den weltlichen Teil der ethischen Werte des Volkes berufen. Hier fanden die radikalen Offiziere einen Ansatzpunkt, diese westlichen "modernen" Ideen einzubringen. Die shintoistisch-konfuzianisch determinierte Mentalität der Japaner blieb jedoch stärker. Den Opfern der folgenden Eroberungskriege allerdings konnte es gleichgültig bleiben, mit welcher ideologischen Begründung sie massakriert wurden.

Die Niederlage im Zweiten Weltkrieg brachte allen weiteren Ausflügen auf den Pfaden des europäischen Nationalismus ein radikales Ende. Die imperialistische Option war damit bei der japanischen Bevölkerung diskreditiert. Zumindest die militärische Variante. Bald entdeckten die Japaner, dass auf wirtschaftlichem Gebiet im Endeffekt weit interessantere Ergebnisse mit weit weniger Gefahren zu erzielen waren.

In der unmittelbaren europäischen Nachbarschaft versuchte man ebenfalls, die Lehren der modernen Zeit zu integrieren, wenn auch weit später. Die "Jungtürken" der Jahrhundertwende unter Kemal Atatürk schlossen sich zusammen um den "kranken Mann am Bosporus" wieder zu seiner alten Größe zu bringen. Selbstverständlich konnte dazu nur die am weitesten entwickelte Waffe aus dem Arsenal der modernen europäischen Ideologien verwendet werden, der Nationalismus.

Schließlich und endlich, das Wissen um die Herrschaft über einen ansehnlichen Teil der bekannten Welt lag noch in der Erinnerung des letzten türkischen Lastträgers. Einverstanden, je mehr von der Welt entdeckt wurde, desto geringer wurde der Anteil, aber kleiner wurde die Fläche deswegen auch nicht. Als gute Schüler der neuen Ideologie begannen die Jungtürken von vorneherein mit dem, was eigentlich erst das Endergebnis eines triumphierenden Nationalismus hätte sein können, dem Völkermord. Gewissenhaft, wie gute Schüler halt schon so sind, begannen sie, alles zu liquidieren, was nicht richtig türkisch roch. Denn auch sie sahen die Welt zu ihren Füßen liegen: Um das gesamte turkstämmige Volk vereinigen zu können, mussten vorerst die zwischen den türkischen Siedlungsgebieten eingestreuten Volksgruppen, wie Armenier und Kurden, beseitigt werden. Wenn aber erst alle Turkvölker vom westlichen China bis in den Balkan zur Großtürkei zusammengeschlossen waren, dann würde ein neuer Dschingis Khan den Ruhm der türkischen Nation über Eurasien erstrahlen lassen.

Das Zusammenbrechen Russlands im Ersten Weltkrieg schien das Ziel in greifbare Nähe zu rücken. Nur mehr ein paar Dutzend Kilometer trennten die Zentraltürken, die Azeris, von der westtürkischen Armee. Dazwischen wurden unaufhaltsam die Reste des armenischen Volkes zerrieben.

Zwar verfolgten die Bolschewisten ihre eigenen Ziele, als ihre Roten Garden die türkische Armee zurückschlugen und die azerischen Emire aus den Gebieten der kaukasischen Ölfelder verjagten, aber das Ergebnis für die Armenier des Kaukasus war ja doch ihr Überleben als Volksgruppe.

Heute gibt die Lage in den Nachfolgestaaten der ehemaligen Sowjetunion den türkischen Nationalisten neue Hoffnung auf die Verwirklichung der Großtürkei. Großtürkische Partisanen kämpfen bereits in Westchina. Doch das wirkliche Hindernis auf dem Weg zur Großtürkei sind die iranischen Ajatollahs. Der Riegel, den sie in allen schiitischen Gebieten vorschieben ist religiöser Natur und hier scheinen die türkischen Nationalisten keinen Ansatzpunkt zu finden.

Gar nicht weit weg von der Türkei, im Libanon, gründete in den Vierzigerjahren Michel Aflak eine lokale - und vor allem nationale - Version von sozialistischer Partei, den BAAS. Angelpunkt der Doktrin dieser Partei war der panarabische Nationalismus. Deutsche Gelder scheinen der Gründung nicht fremd gegenüber gestanden zu sein, schließlich lag es in der Logik jeder nationalistischen Bestrebung in diesem Gebiet, sich gegen die französischen und englischen Kolonialmächte zu richten. Aber die arabische Nation ist groß und ein bisschen abstrakt. Logischerweise und in aller Bescheidenheit war also zu Hause zu beginnen. So kam es, dass der syrische Zweig des BAAS in Damaskus seine Revolution machte und der irakische Zweig in Bagdad. Im weiteren Verlauf mauserten sich zwei mit einander verfeindete BAAS-Parteien heraus, eine in Syrien und eine im Irak. Dass sie sich nicht vertragen können, hat nichts mit bösem Willen zu tun. Wie ihre Vorgänger von der Ile de France, aus Piemont oder Preußen wussten auch sie sich mit der geschichtlichen Aufgabe betraut, die Nation - also in diesem Fall die arabische Nation - zu einigen und, machen wir uns nichts vor, über sie zu herrschen. Aber mit zwei gelungenen Revolutionen gab es ja zwei berechtigte Anwärter an die Berufung als Führer der arabischen Nation. Wenn auch der Eine sich im Interessensknäuel des Libanons verhedderte und der Andere sich einen blutigen Kopf im Iran und dann im Golfkrieg holte, so werden die Versuche weiter gehen, auf irgendeine Weise das hohe Ziel zu erreichen.

Schön langsam die Kurden auszurotten ist dabei nur eine Nebenaufgabe. Menschen, die sich weigern Araber zu sein, in einem Land, das zur Führung der arabischen Nation berufen ist - ganz offensichtlich ist hier eine weitere Endlösung notwendig. Und die Geschichte hat den Zauberlehrlingen ja gezeigt, dass Giftgas noch am billigsten und sehr effizient ist.

XIV.

Das Mosessyndrom

Unzählige Intellektuelle der zweiten Hälfte des letzten und dem Beginn dieses Jahrhunderts zermarterten sich das Hirn um außergewöhnliche und vor allem einzig dastehende Eigenschaften ihrer Nation herauszufinden. Die Intellektuellen großer Länder, wie der Deutschen, der Franzosen, der Italiener, und vom Panslawismus her der Slawen, zielten bei dieser Hirngymnastik überhaupt gleich daraufhin, mit den großartigen Eigenschaften den Anspruch auf den "ersten Platz in der Welt" zu untermauern. Das hieß im Klartext natürlich, Anspruch auf die Weltherrschaft, aber so offen sprach man das denn doch nicht immer aus. In dem Zusammenhang ergaben sich heute komisch anmutende Situationen. Der junge Sigmund Freud etwa profilierte sich als großdeutscher Aktivist und hatte sogar Probleme mit der österreichischen Polizei deswegen. Sein Freund Victor Adler arbeitete am eher rassistisch angehauchten Programm der österreichischen Großdeutschen Bewegung mit. Den Freuds, Adlers und anderen jungen Juden im Reich der Habsburger stellte sich das Problem folgendermaßen dar:

Kinder von Juden, die soeben dem Ghetto entwachsen waren, standen sie allen geistigen Strömungen ihrer Zeit offen gegenüber. Ihr Judentum sahen sie als rein religiöses Problem. Im Zeitalter des Rationalismus war schließlich Religion ein zum Untergang verurteiltes Relikt der Vergangenheit. Also war es nur selbstverständlich, dass sie sich den exaltierten Strömungen ihrer Umgebung anschlossen, ja den Umständen entsprechend sie auch mitbestimmten. In Mitteleuropa war diese Umgebung intellektuell vor allem von deutscher Kultur besetzt.

Nun waren aber die deutschen Nationalisten, wie alle anderen Nationalisten Europas, auf dem mythisch-pantheistischen Trip. Und wie alle anderen Nationalisten kauten auch sie an solchen Worten des Alten Testaments herum wie:

"Und will meinen Bund zwischen mir und dir machen und will dich gar sehr mehren. .. Abraham soll dein Name sein ... und will von dir Völker machen ... und sollen ... Könige von dir kommen..." (1. Moses 17.)

Was war alle nationalistische Hochjubelei gegen solche geradezu satanisch anmutenden Verse Gottes? Besonders, da solche Worte ja als Versprechen auf die Weltherrschaft ausgedeutet werden konnten. Hatte denn eine frisch gebackene Nation Chancen auf die Eroberung des ersten Platzes in der Welt, wenn die Konkurrenz mit Gott als Verbündetem auftrat?

Der Hass auf die Juden jedenfalls wuchs sprunghaft, parallel zum sprunghaften Wachstum des hysterischen Nationalismus, des Chauvinismus. Junge Juden, die sich mit Stolz als vollgültige Bürger in die Staatsgemeinschaft eingliederten, mussten mit Entsetzen erkennen, dass es nun besonders die gesellschaftliche Elite der europäischen Länder war, die auf völlig neue Weise die Menschen gegen ihre Mitglieder jüdischer Abstammung aufhetzte.

Nun standen aber die Juden Wiens, zum Unterschied von der Situation in allen anderen Hauptstädten Europas, unter keinem national-konformistischem Druck. Anderswo hatten sie sich als "gute Deutsche", "gute Engländer" oder "gute Franzosen" zu profilieren. In Wien wimmelte es zwar von virulenten Nationalisten, die neutralisierten sich jedoch gegenseitig, so dass zwar enorm viel im permanenten Rundumschlag gehetzt und geschimpft wurde, danach setzte man sich aber wieder im Kaffeehaus zusammen, um eine Partie Karten zu spielen.

Zurückgestoßen von den Nationalisten aller Herkunft konnten die jungen Juden sich unbehindert ihren Neigungen widmen und die waren von dem bestimmt, was ich "Mosessyndrom" nennen würde. Das kam bereits bei Karl Marx zum Ausbruch, doch der hatte den Vorteil, jungfräulichen Boden zu bearbeiten. Alle waren sie sich bewusst, dass in dieser Zeit die Weichen für die Zukunft gestellt wurden. Alle kamen aber auch bald drauf, dass man nicht Moses von irgendwas ist. Aber wie sollte man von vorneherein wissen, welcher neue Weg in welche Zukunft führte?

Freuds Werdegang ist beispielhaft für dieses Dilemma. Eins nach dem Anderen versuchte er den Nationalismus, Kokain, die Hypnose und ohne eine wahrhaft zufällige Begegnung von einer halben Stunde im Jahr 1992 mit der Serviererin einer Alpenhütte verstünden wir wohl immer noch nichts vom heillosen Durcheinander welches das Unterbewusstsein in unserem täglichen Leben anrichtet:

"Anlässlich der Ferien von 199* machte ich einen kleinen Ausflug in die Hohen Tauern um ein wenig die Medizin und vor allem die Neurosen zu vergessen. Es gelang mir fast, als ich ...(anlässlich einer Wanderung im Hochgebirge und einer Jause in einer Almhütte).. die Frage hörte: ‚Der Herr ist ein Doktor?' Die Frage galt sehr wohl mir und kam von einem Mädchen von etwa 18 Jahren, von der Wirtin ‚Katharina' genannt und die mir die Mahlzeit mit einem etwas mürrischen Gesichtsausdruck serviert hatte. Nach ihrer Kleidung und ihrem Verhalten schloss ich, dass sie Tochter oder Verwandte der Wirtin sei.
Ich antwortete ... ‚Ja, ich bin Doktor. Wieso wissen Sie's denn?'

‚Der Herr hat sich ins Hüttenbuch eingetragen und da hab ich gedacht, dass, wenn der Herr Doktor ein bisschen Zeit hätte - ich bin nämlich mit den Nerven krank und ich war schon bei einem Doktor in L., der hat mir was verschrieben, aber es hat nichts genützt.'

Da war ich wieder mitten drin in den Neurosen. ...Ich fand es interessant, dass Neurosen auf einer Höhe von über 2.000 Metern so wohl gediehen. Ich stellte also Fragen.

‚Was haben Sie für Beschwerden?"

Unter den gegebenen Umständen musste Freud auf seine damalige Methode verzichten, die Hypnose. Aber die Antworten Katharinas (Schlechtwerden und Kopfschmerzen seit sie Vater und Kusine in einer unzweideutigen Situation überrascht hatte) auf seine wohl gezielten Fragen bringen Freud sofort auf die Diagnose ‚Ekel einer jungfräulichen Seele anlässlich der ersten Begegnung mit der Sexualität'. Seine Fragen gehen schnurstracks auf die intimsten Einzelheiten zu aber Katharina lässt sich nicht aus der Fassung bringen. Einem Doktor kann man alles sagen" erklärt sie und sagt ihm alles.

Sicher, Freud erklärt Katharina nicht, was er über die Sache denkt. Aber sie zeigt sich als Partnerin auf gleicher Ebene. Sie lehnt seine allzu schematischen Erklärungsversuche ab, was vorerst auf einen toten Punkt führt.

"Dann lässt sie zu meiner Überraschung das Thema fallen und beginnt zwei ... Geschichten zu erzählen, die zwei oder drei Jahre weiter zurückliegen als diese traumatisierenden Augenblicke..."

Die zwei Geschichten sind Gelegenheiten, bei denen ihr Vater Katharina sexuell belästigt hat und eine weitere Begegnung zwischen ihrem Vater und ihrer Kusine. Der Genius Freuds zeigt sich hier darin, dass er sofort seine vorgefassten Ideen fallen lässt und zusammen mit dem Mädchen vorwärtsgeht. Zusammen finden sie zu einem neuen Verständnis für die Ursachen von Katharinas Beschwerden.

"Als sie ihre Erzählung beendet hatte, hörte sie auf. Sie ist wie verwandelt, das missmutige, leidende Gesicht hat sich belebt, die Augen haben einen lebhaften Ausdruck, sie ist erleichtert..."

Freud misstraute der Schnelligkeit, mit der er zu diesem Ergebnis gekommen war. Er vermutete, es handle sich mehr um Intuition als Analyse. Man kann jedoch annehmen, dass es von der Begegnung mit Katharina weg zu Ende war mit der Hypnose und es lebe die Psychoanalyse. Dass es noch einige Jahre Entwicklung und eine Selbstanalyse brauchte um die neue Methode auszuarbeiten zeugt nur von seiner Gründlichkeit. Er hatte jedenfalls einen Weg gefunden, seine Version des Mosessyndroms auszuleben. Victor Adler erreichte das gleiche Ziel als Gründer der Sozialdemokratischen Partei Österreichs.

Wenn diese jungen Juden nun von den Nationalitäten zurückgestoßen waren, so hieß dies unter den österreichisch-ungarischen Bedingungen keineswegs ausgestoßen. Im Gegenteil, in der Sicht der Habsburger waren sie damit zu so etwas wie einem Staatsvolk aufgestiegen, also einem Volk, das sich damit begnügte, Staatsbürger zu sein und nicht im allgemeinen Nationalitätenwirbel mit krakeelte.

Soweit die Juden nicht mehr den Ehrgeiz hatten, als Nationalisten mit zu machen, standen sie außerhalb der Auseinandersetzungen und waren von der neuen Art von Antisemitismus nicht mehr direkt betroffen. Sie konnten mit erleben, wie der neuartige Antisemitismus der Deutschnationalen sich nicht recht durchsetzen konnte. Der verbleibende religiöse, da und dort aus demagogischen Gründen ausgenützte Antisemitismus machte ihnen auch keine Angst. Ein Spezialist in Sachen Antisemitismus erklärte wieso:

"(Die christlich-soziale Partei) besaß das nötige Verständnis für die Bedeutung der Masse und sicherte sich wenigstens einen Teil derselben durch offensichtliche Betonung ihres sozialen Charakters vom ersten Tage an. ... Der Antisemitismus der neuen Bewegung war statt auf rassischer Erkenntnis auf religiöser Vorstellung aufgebaut. Der Grund, warum dieser Fehler unterlief, war der gleiche, der auch den zweiten Irrtum veranlasste. Wollte die christlich-soziale Partei Österreich retten, dann durfte sie sich, nach Meinung ihrer Begründer, nicht auf den Standpunkt des Rassenprinzips stellen, da sonst in kurzer Zeit eine allgemeine Auflösung des Staates eintreten musste. ... Wien war zu dieser Zeit schon so stark, besonders mit tschechischen Elementen, durchsetzt, dass nur größte Toleranz in bezug auf alle Rassenprobleme diese noch in einer nicht von vorneherein deutschfeindlichen Partei zu halten vermochte. Wollte man Österreich retten, durfte auf sie nicht verzichtet werden. So versuchte man die besonders sehr zahlreichen tschechischen Kleingewerbetreibenden in Wien zu gewinnen durch den Kampf gegen das liberale Manchestertum und glaubte dabei eine über alle Völkerunterschiede hinweg führende Parole im Kampf gegen des Judentum auf religiöser Grundlage gefunden zu haben. ... Mit einer solchen oberflächlichen Begründung kam man auch niemals zu einer ernstlichen wissenschaftlichen Behandlung des ganzen Problems und stieß dadurch nur zu viele, denen diese Art von Antisemitismus unverständlich sein musste, überhaupt zurück. (A. Hitler. "Mein Kampf" I. S. 130 f.)

Aus den gleichen Gründen waren aber auch die Juden nicht besorgt über das, was es an Antisemitismus in Österreich gab. Unbeschwert von

78

dieser Problematik konnten sie in aller Freiheit eine Art von laizistischer, kosmopolitischer - also nicht-nationalistischer - mitteleuropäischer Kulturlandschaft bis in die Dreißigerjahre hinein bestimmend mit gestalten.

Doch die gesamteuropäische Entwicklung ging vorläufig in eine andere Richtung. Theodor Herzl war ein erfolgreicher Journalist geworden, Korrespondent der "Wiener Freien Presse" in Paris, wo er ein viel beachtetes Buch "Das Palais Bourbon" also über das französische Parlament schrieb. Da kam der Schock "als plötzlich die Dreyfusaffaire ausbrach," schreibt Albert Londres in ‚Le Juif errant est arrivé' und "in den Pariser Strassen hörte er schreien ‚Tod den Juden!'"

Das Erschütternde für Herzl war, dass dieser Ruf in Frankreich ausbrach, der Heimat der Menschenrechte, das seit über 100 Jahren den Juden volle Bürgerrechte zuerkannt hatte. Zwar setzte sich der Rassismus in Frankreich nicht voll durch, aber der Kampf gegen die rassistische, antisemitische Verleumdung des jüdischen Offiziers schien vorerst hoffnungslos.

Herzl starb 1904, zwei Jahre vor der Rehabilitierung von Dreyfus. Aber mit seinem Buch "Der Judenstaat" hatte er, als Moses der Neuen Zeit, den Zionismus geboren. Über die Schaffung eines eigenen Nationalstaates sollte die Judenfrage gelöst werden, das Volk der Juden seine endgültige Heimat finden.

XV.

Hitlers Vordenker

Andere dagegen schafften es nicht, über ihre jugendlichen Begeisterungen hinauszukommen. Vielleicht hatte es aber auch etwas mit seinem Aussehen zu tun, dass Arthur Trebitsch, auch er Wiener jüdischer Herkunft, seine deutsch-nationalistischen Überzeugungen beibehielt. Trebitsch war kraftvoll gebaut, blauäugig, blondhaarig, also fast ein Bilderbuchgermane. Sein Mosessyndrom brachte ihn dahin, ein ganzes politisches, theoretisches Programm aufzustellen, für den Aufstieg der deutschen Nation zur Beherrschung dieser Welt. Viele seiner Thesen finden sich in Hitlers "Mein Kampf" wieder. Der österreichische Theologe und Historiker Friedrich Heer nennt ihn den "Johannes" Hitlers.

Trebitsch starb 1927, nach Shulamit Volkov (München 2000) durch Selbstmord. Ob Hitler von seiner jüdischen Abstammung gewusst hat ist unbekannt. Heer zufolge beklagte er sich noch in der zweiten Märzwoche 1935 Falk von Gagern gegenüber, dass er nichts über das Verbleiben von Trebitsch herausbekommen könne. Würde er ihn finden, so ersetzte er sofort Rosenberg durch Trebitsch. "Ich habe Alfred Rosenberg mit der Überwachung der weltanschaulichen Schulung beauftragt. Das hätte auch er, der Trebitsch (haben können). ... Aber das ist mir nicht vergessen, was er geschrieben und gesagt hat", sagte Hitler damals.

Stark beeinflusst von seinem Zeitgenossen jüdischer Abstammung Otto Weininger, vertrat Trebitsch eine merkwürdige Art von Antisemitismus, wenn auch in anderer Richtung als Weininger. Seiner These nach sei die deutsche Nation als Volk mit den höchsten Qualitäten ausgestattet und deshalb am geeignetsten, die Führung dieser Welt zu übernehmen. Zum Besten dieser Welt, versteht sich. Die Juden dagegen könnten gar nicht anders, als mit allen Mitteln dagegen zu arbeiten, denn sie wären ja selber für diese Rolle bestimmt gewesen. Also an sich nicht sehr originell für die Zeit, aber doch einzigartig, denn gleichzeitig sprach aus seinen Schriften Verständnis, wenn nicht Mitgefühl für das Volk, dem er entstammte.

"...Und es kann verallgemeinernd der Mythos des deutschen Heldengesanges auf den Untergang eines jeden Deutschen angewandt werden: Ewig ward und wird Siegfried der Held vom grimmen Hagen erschlagen, ewig wird sich der Deutsche den finsteren Freund zum Feinde wählen. ...

Fast hoffnungslos erscheint diese Tragik, wenn wir die schier unüber-
blickbare, unendliche Reihe deutscher Irrtümer solcher Art im außenpoli-
tischen Leben vergangener Jahrhunderte an uns vorüberziehen lassen.

Aber trösten wir uns, auch hier ist Rettung möglich, wenn nur erst den
Führern der Deutschen über diese seine größte Gefahr die Augen aufgegangen sind. Vom Sekundär-Theoretischen aus, das ja des nordischen
Menschen beste Kraft und Gabe ist, heißt es den Heilungsversuch zu
unternehmen. Und der Deutsche wird ... lernen, ... zumal ja rassenfremde
und -feindliche Elemente im Laufe des jüdischen Entsklavungsprozesses
in gefahrdrohender Weise sein "Nächsten" geworden sind... (ist es notwendig,) Anschauungsunterricht in den höheren Klassen der Mittelschu-
len einzuführen ... Gilt es zum Beispiel, dem heranwachsenden Deutschen
die Gefahr des Judentums vor Augen zu führen ... denn der Deutsche ...
in seinem Alltagsleben, sieht namentlich in Mittelschule und Universität
den Juden doch mehr als den Abgewiesenen und Unterdrückten, und ahnt
nicht im geringsten, wie sich in dem von ihm recht oft gedankenlos Gekränkten und Verneinten derartige Maßnahmen seelisch umsetzen. ... So
denken wir uns etwa ein Filmdrama, das das Verhalten des Judentums
dem Deutschen derart verständlich macht, ... etwa, dass eine erste Szene
die Abweisung ... spielender Knaben von rassefremden Altersgenossen,
eine zweite Szene, Heimkehr und verzweifelte Anklage im Elternhaus, der
Eltern trösten und versprochene und dereinstige Rache für das nur allzu
gut bekannte und ihrerseits erlittene Leid, eine dritte Szene eine geheime
Versammlung und Beratung zahlreicher zu dereinstiger Rache Verbünde-
ter, eine nächste verändertes, freundliches Betragen des Gekränkten zur
Anschauung brächte, bis dass in klar verständlicher Aufeinanderfolge
jener als Knabe Gekränkte, zum Manne gereift, das Proletariat zum
Kampfe gegen die Unterdrücker aufstachelte und sich im schlauen Wech-
selspiele mit den Rassegenossen so allmählich zu sichtbarer Herrschaft
emporarbeitete. ..."
Hitler fand diese Darlegung offenbar sehr überzeugend. Aber in "Mein
Kampf" verbreiterte er sich keineswegs über die Leiden der jüdischen
Kinder sondern versuchte sich lieber in farbigen Schilderungen des
schwarzlockigen jüdischen Buben, der an der Strassenecke auf die erste
daher kommende Blondine lauert um über sie herzufallen und in ihr die
gesamte arische Rasse zu beschmutzen.
Trebitsch dagegen war bereit, sich und sein Judentum zu opfern zu
größerer Ehre und dem Ruhm des deutschen Volkes:
"...Denn wahrlich, nicht jene sekundären Köpfe eines kühlen und ab-
geblassten weltverbessernden Räsonierens, die nie im gewaltigen eigenen
Lebensdrange ihre fassenden Kräfte entfaltet haben, können die Mensch-

heit auf eine nächsthöhere Stufe der Entwicklung bringen, sondern nur diejenigen, die all das vorerst am eigensten Erleben und Erleiden erprobt und begriffen haben, was sie dann später, reuig und für sich selber entsagend geworden, der am Gleichen wie sie leidenden Menschheit zu erobern trachten. Nur wer erlebt, erlitten und für sich entsagt hat, findet die gewaltige Kraft, das allgemeine Leid, erkennend und tätig, der ganzen Menschheit überwinden zu helfen. Und die große Tragödie im Fortschritte der Menschheit war und ist es seit je, dass die Masse der Menschen, deren kleines niederes Ich das bisschen Denkkraft nur im Dienste der eigenen Bedürfnisse, Wünsche und Nöte besitzt ... kaum je den reinen Geist jener Großen zu erkennen vermag und wohl stets eher jenen willig als Führern folgt, die, ichsüchtig wie die Masse, aber von guter psychologischer Witterung, dem Volke all dies versprechen was es gerade begehrt, und es so dahin zu führen und zu verführen wissen, wohin eigenste Ich-Sucht in Herrsch-und Machtbegier zu gelangen strebt. So sind denn die herrschenden Demagogen, die Beschwindler und Verführer der Menschheit stets beliebt und populär, indes der reine Geist der wahren Führer missachtet, ja gehasst und verfolgt wird von einer ewig ahnungslosen und triebgebundenen Menschheit..."

Selbstverständlich bietet Trebitsch den Ausweg aus der Misere. Den größten Erfolg hatte dieses Rezept:

"... wird eine bessere Zukunft lehren, dass nur auf der festverwurzelten Grundlage eines nationalen Seins und Fühlens sich alles soziale Fortschreiten der Menschheit entfalten kann. Das Geklügel und Gedenke aber der vaterlandslosen und rassefremden sozialistischen Führer unserer Tage auf der einen Seite, das verbohrte und von keinem sozialen Entwicklungsgedanken getragene deutsche Parteiprogramm auf der anderen Seit, sie werden in Fehde und Unvereinbarkeit so lange getrennte Wege wandeln, bis die Vereinigung beider eine lebensfähige und zur Herrschaft wahrhaft berechtigte Partei geschaffen haben wird ...(eine Integrationsfähigkeit welche) die österreichische Geistigkeit denn wesentlich auszeichnet ... (denn) ...hier finden wir seit den Tagen der Babenberger das fränkisch-bajuwarische Stammvolk eingesprengt unter Polen, Tschechen, Ungarn, Kroaten, vermischt mit Kelten, zu welchen allen in neuerer Zeit noch die Juden als artfremdestes Element ... " (Alle Zitate aus Arthur Trebitsch (Wir Deutschen aus Österreich), Leipzig 1919)

Besser als die "Reichsdeutschen" können sie's halt, das Integrieren, weil sie soviel Erfahrung damit haben, mit den Artfremden fertig zu werden, meinte Trebitsch.

Der vom Mosessyndrom infizierte Hitler verstand die Genialität des Rezepts, ließ sich von der Mickrigkeit des Grüppchens nicht verdrießen, das er in einem Münchner Hinterzimmer fand und nach dem Rezept von Trebitsch zur zukunftsträchtigen "nationalen und sozialistischen" Partei umwandelte und trat ohne Zittern und Zagen an, dieser Österreicher zu sein, der "mit der komplizierten österreichischen Geistigkeit, die er auf Grund seiner vielfältigen historischen Erfahrung" mit den unmöglichsten Tschuschen erworben hatte, "dazu berufen war, das deutsche Volk in schwindelnde Höhen und die Menschheit auf neue Ebenen der Entwicklung zu führen".

"Wer den National-Sozialismus nur ... als politische Bewegung versteht, versteht fast nichts von ihm. ... Er ist noch mehr als Religion. Er ist der Wille, eine neue Menschheit zu schaffen...." A.H. "Mein Kampf")

Der Endkampf zwischen dem Kandidaten für den Platz des "Erwählten Volkes" und den Anderen begann mit den verschiedensten Geplänkeln: Eroberung der Mandschurei, Wiederbesetzung des Saargebietes, Anschluss Österreichs und des Sudetenlandes, Eroberung Äthiopiens, jeder baute seine Positionen aus um sich für den großen Tag eine günstige Ausgangsstellung zu sichern.

Hitler, der ja "wusste" wie die Dinge wirklich liefen, der sich also von dem scheinbaren Gegensatz zwischen "Plutokraten" und "Bolschewisten" nicht verwirren ließ, hatte sich überhaupt eine irre Strategie ausgeknobelt. Zum 6. Jahrestag der Machtübernahme, am 29. Januar 1939, erklärte er sie:

"Und eine Sache möchte ich hier an diesem nicht nur für uns Deutsche bemerkenswerten Tag aussagen. Häufig in meinem Leben war ich Prophet und die meiste Zeit machte man sich lustig über mich. ... Von neuem möchte ich heute Prophet sein: wenn es dem internationalen Finanzjudentum in Europa und der Welt gelingen sollte, noch einmal die Völker in einen Weltkrieg zu stürzen, dann wird das Ergebnis nicht die Bolschewisierung der Welt und damit der Sieg des Judentums sein, sondern die Ausrottung der jüdischen Rasse in Europa."

Mochte es bei der Besetzung der Tschechoslowakei noch so aussehen, als stimme seine Berechnung, als wirke seine Erpressung, so zeigte der aus diesem Grunde von Hitler gar nicht erwartete Kriegsausbruch wegen Polen, dass er vielleicht doch daneben prophetiert hatte.

Es kam dazu, dass die Grundthese des Nationalismus - die eigene Nation sei besser, die anderen schlechter, in der letzten Analyse also eine minderwertige Rasse - vom Nationalsozialismus in seinem Krieg gegen die ganze Menschheit bis zum Paroxysmus getrieben wurde, bis zur Ermordung mit Einsatz industrieller Methoden von rund sechs Millionen Juden, sowie ungezählter Millionen von Slawen und Zigeunern. Aber wie schon im Ersten Weltkrieg trugen die Realisten schließlich den Sieg über die wahnsinnigen Utopisten davon. Wenn damals das symbolische Ergebnis dieses Sieges die Gründung des Völkerbundes gewesen war, so stellte diesmal die Gründung der Organisation der Vereinten Nationen das Symbol einer demokratischen Zukunft dieser Welt dar.

XVI.

Opas Rassenwahn auf Schleuderkurs

Durch den Sieg der Demokratien war bei ihnen der alltägliche Rassismus nicht durch einen Zauberstab zum Verschwinden gebracht worden. Doch konnte sein Weiterbestehen nicht von Dauer sein. Es ist schwierig, die Völker der ganzen Welt gegen einen mörderischen Rassismus zu mobilisieren und dann selber frisch fröhlich auf dem gleichen Kurs weiter zu fahren, wenn auch in milderer Form.

Ein Vierteljahrhundert wehrten sie sich noch. Doch Punkt für Punkt brachen unter den Angriffen der Gegner des Rassenwahns Stücke aus den Hochburgen des Rassismus in aller Welt. 1947 bereits war in Indien die Saat Mahatma Gandhis aufgegangen. Frankreich verlor einen Kolonialkrieg nach dem Anderen, in Vietnam und dann in Algerien. Charles DeGaulle begriff, dass die Zeit für Frankreich vorbei war, als Weltbeherrscher der alten Machart aufzutreten. Er beendete nach seiner Wiederkehr an die Macht nicht nur den Algerienkrieg, sondern entließ auch die anderen afrikanischen Kolonien in die Unabhängigkeit.

Das Strickmuster war den amerikanischen Methoden der indirekten Herrschaft nachempfunden, so wie die USA sie in Mittelamerika und den Philippinen praktizierten. Die Weichen waren aber damit gestellt und trotz aller Wirren in den nun unabhängigen Staaten entwickelte sich langsam aber sicher eine neue, nicht mehr von Rassenideologie bestimmte Welt. .

Ohne seine Grundlagen in Kolonisation und Landnahme verlor der Rassenwahn der vergangenen zwei Jahrhunderte seine Dynamik. Das träfe an sich selbst für den Ort der allerletzten Landnahme des Jahrhunderts zu, für Israel. 1948 war dort die Landnahme durchgeführt und, außer von den Verlierern, international abgesegnet worden. Unerwarteter Weise wurde das Problem weiterer Landnahme durch den Sechstagekrieg wieder akut. Dadurch, dass im Ergebnis einer Reihe von Kriegen die arabischen Versuche, Israel wieder von der Landkarte zu streichen, nach hinten los gegangen sind, haben die Utopisten des Eretz Israel durch die Besetzung von Cisjordanien neue Gewissheit geschöpft, die Landnahme auch in diesem Teil Palästinas verwirklichen zu können. Aber es ist zu spät. Weltweit kann die öffentliche Meinung heute weder Kolonisierung noch Landnahme mehr verkraften. Beispiele dafür sind ebensosehr Bosnien, der Kosovo wie Ost-Timor. In Cisjordanien wird ebenso um unhaltbare Positionen gekämpft wie in Südafrika.

Dort ist die Demontierung des Systems nunmehr abgeschlossen. An sich war die offizielle Apartheid ja nicht so alt. Die Kodifizierung des System 1948 war eine Abwehrmaßnahme der Weißen Macht gegen die Drohungen des globalen Zeitgeistes. Der Beginn des Kalten Krieges gestattete es, die Maßnahmen als Abwehr der kommunistischen Gefahr hinzustellen. Bis dahin gab es zwar viele einzelne derartige Gesetze, doch das System als solches war so etwas wie das Gewohnheitsrecht einer traditionellen Gesellschaft.

Die Wurzeln dieser traditionellen Gesellschaft liegen in einer Landnahme eigener Art. Der holländische Seefahrer Jan van Riebeck gründete 1652 am Kap der Guten Hoffnung einen Verpflegungsstützpunkt für die Schiffe der Holländisch-Ostindischen Kompanie auf der Reise von und nach dem Orient. Ein Gebiet rund um den Hafen wurde den Hottentotten abgekauft, denn noch hatte man keine rassistische Vorstellung der Beziehungen zwischen den Völkern. Ein paar Dutzend holländische Bauernfamilien wurden dort angesiedelt um Verpflegung für die Schiffe zu erzeugen. Diese Bauern vermehrten sich langsam. Als überzeugte, Freiheit liebende Kalvinisten lehnten sie sich schließlich gegen die Herrschaft der holländischen Pfeffersäcke auf, ein halbes Jahrhundert vor ihren Glaubensbrüdern in Massachusetts. Am Morgen des ersten Tages der Freiheit waren sie genau 1.779 Männer, Frauen und Kinder, die 1.107 Sklaven besaßen. Tatsächlich hatten sie die holländische Festigung nicht erobern können, sondern waren ins Innere geflohen. Nach diesem Aufstand gab es praktisch keine Zuwanderung mehr, außer etlicher französischer Kalvinisten, die aus Frankreich fliehen mussten. Demnach sind die heutigen Buren Ururenkel dieser 1.779 Buren, mit einiger Franzosen, um die totale Inzucht zu vermeiden.

Die Buren richteten sich ein System ein, ähnlich dem ihrer viel zahlreicheren Vorgänger in Indien und ihrer Zeit- und Glaubensgenossen in Amerika. Es gab aber einen grundlegenden Unterschied. Ihre Glaubensgenossen in Amerika waren zahlreich genug um das Land ganz alleine in Besitz zu nehmen. Ihre Vorgänger in Indien hatten nicht nur das Land genommen, wobei ein großer Teil der ursprünglichen Bevölkerung überlebte, sie hatten gleich auch einen Teil des eigenen Volkes von der Herrschaft ausgeschlossen, was ja ein eher kompliziertes System erforderte. Die Buren hätten das Land gerne so wie die Puritaner in Besitz genommen, waren aber nicht zahlreich genug. Von der Ankunft der Holländer an hatte sich jedenfalls ein gewisses Verhaltensschema ergeben. "Das gekaufte ist unser Land, in dem seid ihr Hottentotten oder Kaffern Aus-

86

länder und umgekehrt," könnte man dieses Grundschema formulieren. Außer den Sklaven, die aber von Anfang an nicht so zahlreich waren, gab es stets eine erkleckliche Anzahl von Gastarbeitern aus der Umgebung. Saisonarbeitern, sagte man früher, als man noch nicht wusste, dass man politisch korrekt sehr höflich sein muss.

Lange Zeit hindurch waren die Beziehungen entspannter als man das heute sieht. Die große Zahl von Mischlingen in alle Richtungen zeugt dafür. Mit der Ankunft moderner Ideen, lies wissenschaftlichem Rassismus des 19. Jahrhunderts, wurden die Beziehungen komplizierter.

Man gab also mehr und mehr Acht auf rassische Reinheit. Und mit den verrückten Ideen des vorgeschrittenen 20. Jahrhunderts von Rassengleichheit, Demokratie selbst für Kaffern und ähnlichem Gewimmel, fühlten sich die Buren schließlich gezwungen, etwas Drastisches zu tun und die formelle Apartheid einzuführen.

In den letzten zwanzig Jahren wurde der internationale Druck so stark, dass die Buren gezwungen waren, ihre Lebensauffassung zu revidieren. Ihr Überleben als Volk hängt vom Gelingen der Kohabitation ab. Trotz des Eindruckes totaler Erstarrung über Jahre hinweg zeigt sich aber jetzt, dass es viele Buren gegeben hat, die ernsthaft über das Problem nachgedacht haben. Wenn man dabei von De Klerk als entscheidenden Macher spricht und annimmt, dass es sich um die Tat eines besonders aufgeschlossenen Politikers handelt, liegt man daneben. Im Dezember 1988, anlässlich der Viererverhandlungen in Brazzaville, Kongo, zur Lösung der Angola- und damit auch Namibiaproblematik, hielt Piet Botha eine Rede in der er die zukünftige Entwicklung in großen Zügen definierte. Die intelligente Lösung eines existentiellen Problems durch ein Establishment sollte eigentlich besser gewürdigt werden.

Als allerletzte große Auseinandersetzung des vorigen Jahrhunderts zeichnete sich eigentlich nur mehr der serbische Amoklauf aus. Nach der Zwangskur von Brüderschaft unter den Völkern durch die Kommunisten Titos hatten dort Nostalgiker des Panslawismus geglaubt, die alte These der Rolle Serbiens als Speerspitze des Panslawismus endlich verwirklichen zu können.

XVII.

Diese merkwürdigen herrschenden Klassen
die an ihrem eigenen Untergang arbeiten

Die Dämonen der nationalistischen Auseinandersetzungen mit den minderwertigen Nachbarvölkern, wie in Serbien, mögen versuchen, wieder ins Vorfeld der politischen Entwicklung zu drängen. Sie bringen nur Katastrophen über die Völker, die blindlings den Verführern folgten. Wo's heute fehlt, das betrifft vor allem die inneren Angelegenheiten unserer Länder. Da scheint niemand mehr imstande zu sein der Dauerarbeitslosigkeit eines viel zu hohen Prozentsatzes der Bevölkerung Herr werden zu können. Dass sich dabei rassistische Tendenzen entwickeln könnten, leuchtet ein.

Was die Arbeitslosigkeit betrifft, so wird sie nur mehr hin und wieder mit der Situation in der Zwischenkriegszeit verglichen und daran erinnert, dass damals die Arbeitslosigkeit in enger Beziehung zum Wachsen des Faschismus stand. Beunruhigender sind die Spannungen zwischen Einheimischen und zugewanderten Bevölkerungsgruppen in fast allen Ländern Europas. "Bevölkerungsgruppen" muss man schon sagen, denn mit dem Wort Gastarbeiter findet man angesichts der Entwicklung kaum noch das Auslangen. Diese Malaise brachte aber in diesen Jahren eine tiefgehende Vertrauenskrise der Bevölkerung in bezug auf die politischen Parteien mit sich. Die Wurzeln liegen aber nur zum kleineren Teil in der gegenwärtigen Entwicklung. Sie reichen sehr weit in die gesellschaftliche Entwicklung des vorigen Jahrhunderts zurück. Um das zu verstehen, muss man sich allerdings einige Züge des bolschewistischen Systems genauer an sehen.

Wie schon erwähnt, beeindruckte der Sieg der bolschewistischen Revolution in Russland die zeitgenössischen Politiker über alle Maßen. Was sie beeindruckte, hatte nichts mit Ideologie zu tun, sondern mit Methoden. Einer der wichtigsten Faktoren des leninschen Erfolgs fand sich ganz offensichtlich in der extremen Hierarchisierung des Apparats. Dabei war diese zentralistische Organisationsform ursprünglich als Überlebensstrategie angesichts der unerbittlichen zaristischen Unterdrückungsmaschinerie geschaffen worden. Einerseits griff die Menschheit schon seit Urzeiten in Kriegen zu zentralistischen Organisationsformen. Hier hat Lenin nichts besonders Neues erfunden. Offenbar konnte man mit diesem Prinzip

Erfolge erzielen.

Dazu kam dann noch Lenins geniale Idee der Vereinigung der Vorteile zweier vom Prinzip her sich gegenseitig ausschließender gesellschaftlicher Organisationsmethoden. Der kurzzeitige Erfolg solle durch die fast militärische Zentralisierung des Apparats gesichert werden, der langzeitige Erfolg durch die Mitarbeit der breiten, politisch "bewusst" gewordenen Massen an der Ausarbeitung aller Teilbereiche des Lebens der Gesellschaft, also weit gehend verwirklichter Demokratie.

In der Auslegung Lenins würde das Eine als dialektischer Umschwung des Anderen zustande kommen. In seiner Auslegung der allgemeinen gesellschaftlichen Entwicklung war der langsame und unregelmäßige Prozess der Zentralisierung oder totalen Monopolisierung der wirtschaftlichen und politischen Macht im Kapitalismus durch eine immer kleiner werdende Gruppe von Kapitalisten eine dialektische Vorbereitung für Besseres zu kommen. Wenn die kritische Schwelle erreicht wäre, dann würde sich die bisherige quantitative Entwicklung in eine qualitative Entwicklung umsetzen, praktisch die Übernahme der Macht einer relativ kleinen Gruppe von monopolistischen Kapitalisten durch die ebenfalls relativ kleine Führungsspitze der Kommunisten. Das wäre eben die sozialistische Revolution und dadurch würde dann schlagartig dieser ganze vom Kapitalismus geeinigte und rationalisierte politische und wirtschaftliche Apparat in den Händen des Proletariats liegen und im Interesse und zum Nutzen der Massen genützt werden.

Wie das aber mit der Wirklichkeit schon so ist, verliert sie sich ständig auf einem anderen Weg als die Theorie. Was die Bolschewisten da in Russland in die Hand bekamen, das war kein rationalisierter, zentralistischer Apparat, sondern ein völlig chaotischer Kapitalismus. Die Gesellschaft war ja noch nicht einmal mit dem Feudalismus fertig geworden.

So wie Lenin das sah, musste also die oberste Instanz der bolschewistischen Macht, das Politbüro der Kommunistischen Partei, die totale Macht in die Hand nehmen, gewissermaßen die Entwicklung kurzfristig nachholen, welche der russische Kapitalismus nicht einmal angefangen hatte. Unter ihrem Kommando würden die Mitglieder der Partei, also die Elitetruppe der Bewegung, mit ihren Kommandos ausschwärmen und mit Unterstützung der Freiwilligen der breiten Massen die zentralistische Durchorganisierung der Wirtschaft und den anderen gesellschaftlichen Bereichen verwirklichen.

Es ist nicht so, dass die Gefahren des auf die Spitze getriebenen Zentralismus nicht gesehen wurden. Alle Genossen waren schließlich nicht so "bewusst" wie sie's hätten sein sollen und ketzerische Ansichten waren auch jede Menge im Umlauf. Dem Erreichen dieses Zieles würde jedenfalls die totale Demokratisierung folgen. So erklärte das "Programm der Kommunistischen Partei der Sowjetunion (B)" von 1919 im Punkt 8 folgendes:

„8. ... Die KPdSU(B), welche den entschlossensten Kampf gegen den Bürokratismus führt, sieht folgende Maßnahmen zur Ausmerzung dieses Übels vor:...

3.).Nach und nach die ganze aktive Bevölkerung, Mann für Mann, an der Verwaltung des Staates teilnehmen zu lassen.

Die Durchführung dieser Maßnahmen... und die Vereinfachung der technischen Vorgänge der Verwaltung gleichzeitig mit dem Heben des kulturellen Niveaus der Arbeiter führen zum Verschwinden der Staatsmacht..."

Diese Grundhaltung - vorerst bedingungsloser Zentralismus, daraufhin totale Demokratie - lieferte die kommunistische Version der Schizophrenie, die sich bei jeder großen Revolution feststellen lässt. Bei der Amerikanischen Revolution konnte man das sehen, ebenso wie bei der Französischen Revolution, ein handgestrickter unvereinbarer Widerspruch konnte auch bei der nächsten großen Revolution nicht fehlen, der Russischen.

Ein guter Teil der subversiven Ideen über Demokratie stammte natürlich von Marx selber. Lenins Nachfolger Stalin tat sein bestes um möglichst viele dieser unnötigen Vorstellungen abzuwerten. Aber um ein marxistisches Regime zu rechtfertigen ließen sich die Arbeiten der gefeierten Gründer des Marxismus nicht einfach unter den Teppich kehren. Er blieb Gefangener ihrer Schriften und so lehrte man zu jeder Zeit die sowjetischen Kinder, Freiheit, Redefreiheit, das Recht auf die eigene Meinung seien höchste Rechte und Tugenden des sozialistischen Menschen. Vervollkommnet wurden diese Tugenden durch eine zusätzliche moralische Klärung der Kardinaltugend "Freiheit des Wortes": sie sei vor allem das Recht, die Wahrheit zu sagen und die Pflicht, gegen die Unwahrheit vorzugehen. Na und noch klarer als klar, Missverständnisse konnte es da nie geben, denn was Wahrheit war, das machte Väterchen Stalin ja glasklar.

Die tägliche Praxis der "sozialistischen Wirklichkeit" entwickelte sich so in absolutem Widerspruch zur Grundtheorie, die man den Kindern in den Schulen und Jugendverbänden eintrichterte. Betonung der Freiheit und der Mitverantwortung des Einzelnen in seiner Gesellschaft stand der immer stärker werdenden Hierarchisierung dieser selben Gesellschaft gegenüber, der immer konsequentere Ausschluss der Staatsbürger von den politischen und wirtschaftlichen Entscheidungen auf allen Ebenen. Die gesellschaftliche Schizophrenie wurde zum täglichen Ambiente des sowjetischen Menschen.

90

Wir alle verurteilen Stalin, den Architekten des ungeheuerlichen Systems. Aber es wäre ein bisschen zu einfach, wenn man ihn als Inbegriff des Bösen verteufelte. Er wollte eine gerechte Gesellschaft errichten, ein Ziel, das ein ansehnlicher Prozentsatz der Weltbevölkerung als positiv einschätzte. Um jedoch dieses Ziel zu erreichen, war er gezwungen, den in einer zentralistischen Organisationsform notwendigen Apparat unter Kontrolle zu bringen.

Ideologisch wertfrei, ist dieser Apparat ein Werkzeug in den Händen jeder zentralistischen Macht. Aber ein administrativer Apparat hat stets nur äußerlich die Ziele der Macht im Auge. Was der Einzelne innerhalb des Apparats sieht, das ist seine und die Position seiner engeren Gruppe im Apparat. Von Außen gesehen wird der Apparat zur "Bürokratie". Eine derartige Entwicklung kann, unkontrolliert, die Macht in Gefahr bringen.

Die Bolschewiken hatten das früh begriffen, siehe den oben zitierten Punkt des Parteiprogramms von 1919. Was sie scheinbar nicht sahen, das war die Tatsache, dass es die von ihnen gewählte Organisationsform war, welche diese "Entartung" hervorbringen musste. Der eindrucksvolle Aufstieg Stalins in der Hierarchie hängt vor allem damit zusammen, dass er nicht nur die Gefahr begriff, sondern auch wirksame Gegenmaßnahmen ausarbeitete. Vor allem wurde ihm offensichtlich bald klar, dass man mit fixen Regeln nicht sehr weit kommen konnte. Der brutalste Zwang zur Einhaltung dieser Regeln nützt wenig, denn der Apparatschik ist imstande, jedwede Regel zu seinem Vorteil hin zu modeln. Sicher, der preußische, aber auch der französische Verwaltungsapparat hatten gezeigt, dass eine solide in der Mentalität verankerte Ideologie den Apparat des zentralistischen Systems dazu bringt, von sich aus das für die Macht Notwendige zu tun. Aber so weit war die bolschewistische Macht noch lange nicht.

Die Lösung des Problems durch Stalin bestand darin, dem Apparatschik desto mehr Sicherheit zu nehmen, je höher in der Hierarchie er aufstieg. Wohlüberlegt und methodisch schicke er periodisch Gegner ebenso wie Günstlinge an den Galgen oder in die sibirischen Arbeitslager. So schrieb er auch in der "Prawda" vom 29.3.1937:

"...die Schädlinge und Saboteure von heute sind vor allem Genossen in der Partei. ..."

Der Kern dieser Strategie lag darin, so offensichtlich falsche Anklagen zu erheben, dass niemand sich mehr ausrechnen konnte, wie sich dieses perverse System zum eigenen Vorteil ausnützen ließ, außer blindlings die übertragene Aufgabe durchzuführen. Aber täglich konnte sich jedermann davon überzeugen, dass nicht einmal damit absolute Sicherheit zu erreichen war.

Am Fortgang der sowjetischen Geschichte lässt sich die Richtigkeit der stalinschen Ansichten abschätzen. Sowie der nur anscheinend blinde Terror abgeschafft war, wurde der sowjetische Apparat progressiv unfähiger, aufgeblähter und vor allem zum Parasiten am Körper der Gesellschaft. Kurz nach dem Tod Stalins war dieser Apparat noch genügend effizient um den Optimismus eines Chruschtschow zu rechtfertigen, der sich angesichts der gegenseitigen Wachstumsraten ausrechnete, dass die Sowjetunion in absehbarer Zeit die USA quantitativ und schließlich wohl auch qualitativ einholen könnte.

Die bolschewistische revolutionäre Umgestaltung der Gesellschaft endete in der stückweisen Bauchlandung Breschnews. Um unter diesen Umständen zu überleben, hatte die Sowjetmacht nur zwei Alternativen: entweder zum Terror zurückkehren, oder den Zentralismus über Bord werfen und die demokratischen Inhalte der Schulbücher verwirklichen. Aber was konnte eigentlich "demokratisieren" unter den gegebenen Umständen bedeuten?

Um wieder auf das Schulbuchniveau zurückzukommen, so sollte Demokratisierung einfach heißen, Meinungen und Initiativen freien Weg zu geben. Erst aus der Praxis heraus können schließlich die Betroffenen - diejenigen, die verwirklichte Meinungen und Initiativen ausbaden müssen - entscheiden, was sie für gut und was sie für schlecht befinden. Das ist im Grund nicht sehr weit entfernt vom Beispiel der Marktwirtschaft, wo der Kunde ja mit seinem Entschluss beim Einkauf wählt. Und natürlich ist jede zentralistische Organisationsform unvereinbar mit derartigen Prinzipen. Man kann doch nicht vernünftig planen, wenn jeder Hans und Franz daherkommen und beweisen kann das sei falsch. Selbst wenn man innerhalb sozialistischer Grundprinzipien bleiben will, müsste man den Ablauf gesellschaftlicher Vorgänge völlig umkrempeln. Den Chruschtschews, die an sich ja gerne "demokratisiert" hätten, wurde schummrig vor den Perspektiven und sie kratzten schleunigst die Kurve, landeten dabei aber auch bloß im Strassengraben der Geschichte.

Vor das gleiche Problem eines Apparats gestellt, der nicht die Kinder sondern gleich die Revolution selber aufzufressen drohte, versuchte Mao einen dritten Weg, die periodisch wiederkehrende "kulturelle Revolution". Aber der weltweite Erfolg dieses Schlagworts bei der intellektuellen Jugend um 1968 herum erzeugte allzu viel Unordnung um verantwortungsvolle Meinungsbildner von seiner Richtigkeit überzeugen zu können.

Das Beispiel von Ceausescu und Kim Il Sung, die den bedingungslosen Zentralismus wählten wirkte eher abschreckend. Wer entschlossen war, die Grundidee der sowjetischen Gesellschaft zu retten, dem blieb also nur die zweite Alternative, die demokratischen Inhalte einer sozialisti-

92

schen Gesellschaft zu aktivieren. Mutig ging Gorbatschow an die Aufgabe heran. Immerhin hatte er das Beispiel des erfolgreichen Westens vor Augen wo es von der Schokolade über funktionierende Waschmaschinen, bequemen Schuhen bis zu Kleidern von Dior alles das in Hülle und Fülle gab, was ein sowjetisch ausgehungertes Herz sich bloß wünschen konnte. Vertrauensvoll folgte Gorbi den Ratschlägen von Margaret Thatcher und landete damit auch nur dort, wo bereits Chruschtschow sich gefragt hatte, was er wohl falsch gemacht habe.

Hier muss man allerdings zwei verschiedene Entwicklungslinien unterscheiden. Auf der einen Seite spielte das konsequente Durchsetzen amerikanischer Interessen eine große Rolle. Robert L. Hutchings, der damalige Direktor für Europäische Angelegenheiten im Nationalen Sicherheitsrat meinte in seinem Buch: "Als der Kalte Krieg zu Ende war", dass die USA ihre Interessen bei und nach dem Sturz Gorbatschows vielleicht über das vertretbare Maß hinaus wahrgenommen hätten. Im Klartext scheint das zu bedeuten, dass die USA an einer radikalen Schwächung des einstigen Gegners im Kalten Krieg interessiert waren. Der Harvardprofessor Jeffrey Sachs wird meist als Mastermind der wirtschaftlichen Öffnung der ehemaligen Sowjetunion im Interesse der westlichen Welt genannt. Nicht nur der USA, versteht sich, denn die EU-Staaten begriffen sofort das Schnäppchen, das es da zu holen galt.

Im Interesse der schnellen Modernisierung Russlands und seiner Entwicklung zu einem modernen Staat mit wohlhabenden Bürgern hatte Sachs die russische Elite von schnellen Denkern von den notwendigen Maßnahmen überzeugt. Da wären etwa der freie Kapitalverkehr von und nach der Rubelzone, die Festsetzung eines überhöhten Rubelkurses, um der Bevölkerung zu ermöglichen, die Waren des Westens billig zu erwerben und mehr in der Richtung.

Das Ergebnis war erstaunlich. Das durchschnittliche Lebensalter der Bewohner der GUS-Staaten sank in den letzten zehn Jahren um 15 Prozent. Das bedeutet, dass die Kosten der Umstellung, unter Anderem in vielen Millionen Menschenleben bestehen. Hier geht es natürlich nicht einfach um ältere Menschen, die früher starben, sondern um alle Altersstufen die sterben mussten, vom Kind zum Greis. Ich frage mich, wieso noch keine Organisation zur Wahrung der Menschenrechte sich bisher darum gekümmert hat.

Aber das wäre ja nur der menschliche Teil der Kosten/Nutzen Rechnung. Immerhin wurden aus den Gusstaaten in diesen Jahren zwischen 250 und dreihundert Milliarden Dollar in den Westen transferiert. Auf der anderen Seite, stehen über 150 Milliarden neuer Schulden der ehemaligen SU an den Westen.

Der Geldfluss aus dem Osten war im Westen höchst willkommen. Das politische Establishment hatte sich inzwischen ans leichte Geld gewöhnt. Das hatte mit der leninoiden Entwicklung dieser Kaste zu tun.

Am Ende des vorigen und zu Beginn dieses Jahrhunderts wurden Zentralismus und autoritäre Ideologien von einer allgemeinen Hinwendung zu Demokratie für die ganze Bevölkerung in Bedrängnis gebracht. Die bolschewistische Revolution rettete vorerst das Prestige des Zentralismus, dieser Erfindung seiner Gegner. Die Bolschewiken entwickelten das Prinzip weiter und brachten es zu einer in der menschlichen Geschichte noch nie erreichten Verfeinerung. Aber die Bewunderer der, ich betone, technischen und nicht ideologischen Seite des Erfolgs sahen nicht, dass ein riesiger Wurm im Gebälk nagte.

Was die anderen politischen Formationen so eindrucksvoll fanden, das war der brillante Erfolg einer kleinen Minderheit durch Einsatz eines disziplinierten und extrem hierarchisierten Apparats, der offensichtlich blind einer einzigen überragenden Persönlichkeit gehorchte. In gewisser Weise waren die Bolschewiken um so glaubhafter, als man von anderen, wenn auch weniger perfektionierten Zentralismen Erfolge gewohnt war. Noch nicht offensichtlich war die neue Qualität, welche die Bolschewiken in das Prinzip einbrachten. Das was man vielleicht "bürgerlicher Zentralismus" nennen könnte war stets ausgewogen durch eine vom Staatsapparat weitgehend unabhängige Zivilgesellschaft. Das ergab eine Gegenkraft, eine wenn auch indirekte Vergleichs- und Kontrollinstanz.

Auch im Absolutismus gab es solche Gegenkräfte, so dass auch in diesem noch feudalen Zentralismus weite, unabhängige Freiräume die totale Gleichrichtung der Gesellschaft verhinderten.

Der bolschewistische Zentralismus dagegen kontrollierte als monolithisches Machtorgan sämtliche gesellschaftlichen Lebensäußerungen. Zwar nicht in der Theorie, aber in der Praxis lagen Macht und Kontrolle dieser Macht in der gleichen Hand.

Bleibt natürlich die Frage, in wessen Hand die Macht nun wirklich lag. Die Antwort wird insofern schwierig gemacht, als man heutzutage immer nach Klassen sucht, wenn von Macht gesprochen wird oder wenigstens eine Klassen ähnliche Schicht der Bevölkerung. Tatsächlich sieht man ja sehr wohl, wie durch die verschiedensten Maßnahmen eine Abschottung der parteipolitischen Elite stattfand, der Nomenklatura, wie die Russen sagen. Und weil doch diese parteipolitische Elite den administrativen und wirtschaftlichen Apparat in der Hand hat, liegt es nahe, von der "Klasse der Bürokratie" zu sprechen. Und doch ist es widersinnig. Wie schon erwähnt arbeitet der Apparat unweigerlich gegen das System, dem er offiziell dient. Kann man aber denn von einer herrschenden Klasse sprechen, die am eigenen Untergang arbeitet?

Ob man will oder nicht, und die offizielle Theorie kann man ruhig vergessen, wie in jedem zentralistischen System ist auch im leninistischen System die Macht, die "herrschende Klasse", der Staat ER, Lenin, Stalin, der Generalsekretär oder welch Titel man immer ihm anhängt. "L'etat c'est Moi", sagte der Sonnenkönig und er wusste, wovon er sprach.

Der Großteil der politischen Parteien Europas und der Welt adoptierte eine mehr oder weniger klare Version der bolschewistischen Organisation. Doch nur die faschistischen Parteien machten daraus ein Dogma, das "Führerprinzip".

Den kontinentalen Parteien jedenfalls war es ganz klar wo's lang ging. Und welcher führende Politiker genoss es schließlich nicht, ein möglichst großes Stück der Entscheidungsgewalt in die Hand zu kriegen? Aber wieder einmal schien kein Mensch in der Lage das Risiko abzuschätzen, welches der leninoide Trip in sich trug und zwar, den gleichen Weg in den Abgrund zu gehen wie das Vorbild.

XVIII.

Die Diebe der Hoffnung

Der Wurm im Gebälk, die langsame Zersetzung, die jedes zentralistische System bedroht, sie wurde nur langsam spürbar. Man darf nicht vergessen, in seinen Anfängen funktioniert ein zentralistisches System stets eindrucksvoller als seine Konkurrenten. Im bolschewistischen Einflussbereich sah man in den negativen Auswüchsen lange Zeit hindurch ein Ergebnis der Fraktionskämpfe und, vor allem, das Ergebnis ideologischer Schwächen bei den Genossen auf allen Ebenen, die bis zum Verrat an den Klassengegner gehen konnten.

Was die nächste Gruppe von zentralistischen Systemen betraf, die rechten, meist Militärdiktaturen, so hielt ja von vorneherein niemand viel von der Fähigkeit der Kommissknöpfe, eine moderne Gesellschaft effizient zu führen. Bei der echten Konkurrenz zum Bolschewismus, den verschiedenen Faschisten, da war man schon vorsichtiger in den Urteilen. Am Ende der Zwanziger und bis zur Mitte der Dreißiger Jahre fanden selbst angesehene demokratische Staatsmänner großer Länder lobenswertes im italienischen Faschismus und im deutschen Nationalsozialismus. Aber diese waren ja noch ziemlich am Anfang, so dass sich die inneren Schwächen noch nicht so entwickeln konnten.

Heute dagegen sieht man deutlicher. Gelegenheiten zur genauen Betrachtung der Wurmschäden gibt es genug, auch in unseren Landen. Denn was hinter den Kulissen wucherte, das brach ja schon vor Jahren in aller Öffentlichkeit aus. Einer der ersten großen Skandale waren die Fälle "Neue Heimat" und verbunden damit "co-op". Einige Generationen von Arbeitern und Angestellten investierten Energie und auch ihre mageren Mittel in die Genossenschaftschaftsbewegung um ihre Hoffnungen auf ein besseres Leben zu verwirklichen. Das nahm 1933 zwar ein brutales Ende, doch 1945 konnte die Gewerkschaft als Erbe dieser Bewegung wieder voll in ihre Rechte treten. Das hieß natürlich, die Mitglieder traten wieder voll in ihre Rechte, die Gewerkschaft und über sie die entsprechenden gesetzlich notwendigen Körperschaften waren und sind ja nur Verwalter solcher Rechte.

Bei der "Neuen Heimat" gab es von Anfang an zentralistische, wenn nicht gar leninoide Misstöne und dementsprechend nicht viel Mitbestimmungsrecht der Mitglieder. Partei- und Gewerkschaftsführung verteilten leitende ebenso wie subalterne Stellen an verdiente Genossen oder Kollegen. Wie es in einer zentralistischen Struktur nicht anders sein kann, verhalten sich die Verwalter in der Praxis wie Besitzer aller Guthaben der Genossenschaft. Die Kontrolle lag in den Händen der Gewerkschaftsführung. Doch wie in jedem zentralistischen System gehörten die mit der Verwaltung Beauftragten und die Kontrollore zur selben Kaste, hier der "verdienten Funktionäre", Leute, die unter sich kleine und große Vorteile und Privilegien aufteilen. Gegen einander Misstrauen zu hegen lag da einfach nicht drin.

Die deutsche Gewerkschaftsbewegung hatte nach dem Auffliegen der Zustände in der "Neuen Heimat" schon alle Hände voll zu tun um wenigstens etwas Glaubwürdigkeit zurückzugewinnen, als der zweite große Skandal ausbrach. Schrieb damals der "Spiegel":

"...Manche der co-op Manager lasen den kritischen Bericht erst viel später als die Bankiers. Die Führungsetage des Hauses war - wieder einmal - dünn besetzt. Vorstandschef Bernd Otto war in seiner Villa in Königstein/Taunus die er sich für mehrere Millionen DM an einem Hang in bester Lage hat bauen lassen, nicht zu erreichen - er war zur Großwildjagd in Südafrika unterwegs. ... "

Doch es ging nicht nur um die Veruntreuung der Guthaben der Genossenschaft, sondern zu der Zeit bereits einer Aktiengesellschaft. Die leninoide Leitung des Gewerkschaftsbundes hatte schon vor einiger Zeit und vielleicht bereits brejnewoid beschlossen, dass die Mitglieder beschlossen hätten, wegen größerer Transparenz die Genossenschaft in eine Aktiengesellschaft umzuwandeln. An den tatsächlichen Besitzverhältnissen würde sich dabei ja nichts ändern, denn der Gewerkschaftsbund war Besitz seiner Mitglieder und wenn die Aktien in den Händen des Gewerkschaftsbundes lagen, dann war im Endergebnis ja doch wieder jedes einzelne Gewerkschaftsmitglied Teilbesitzer der co-op. Deshalb war ja auch der Vorstand der Gewerkschaft gezwungen zu beschließen, dass die Gewerkschaftsmitglieder beschlossen hätten - schließlich kann ja nur der Besitzer beschließen. Wenn ich vorhin vor dem Wort "breschnewoid" zögerte, dann weil ich nicht sicher war, ob der Absturz, als eine dem Brejnewsyndrom entsprechende Perspektive, auch wirklich zutrifft.

Kurz, auch unter den Verhältnissen der Bundesrepublik und dem Rest von Euroland schlug und schlägt das "Brejnewsyndrom" im richtigen Ambiente voll durch. Die Apparatschiks eignen sich das zu verwaltende Objekt an und richten es konsequent zu Grunde. Dabei versuchten unbekannte Personen im konkreten Fall gleich, zu Kapitalisten zu werden. Wieder der Spiegel:

"...Bemerkenswert ist, dass sich ... eine relativ kleine schweizerische Bank als Großaktionär des ehemaligen Gewerkschaftsunternehmens entpuppt: Die Genossenschaftliche Zentralbank (GZB) in Basel. ... Bankexperten bezweifeln, dass diese relativ unbedeutende Bank ... stark genug ist, um ein riesiges Aktienpaket zu halten. ... Es spricht alles dafür, dass die GZB das co-op Paket nur treuhänderisch verwaltet. Für wen? ..." (Der Spiegel Nr. 43, 1988)

Den breschnewoiden, als Leninoide zu Neureichen gewordenen Emporkömmlingen der Linken Lernfähigkeit abzusprechen, wäre falsch. Beispiel Mitterands Parforcetour an der Spitze Frankreichs. Bei ihm lief bereits alles auf Nummer Sicher.

Mitterand, der als berufener Vertreter der französischen Arbeiterklasse in einem aufregenden Wahlkampf den Sieg über die Vertreter des Kapitals davongetragen hatte, arbeitete bereits als Profi der Korruption. Der Craxi in Italien, der musste da ja wohl vor Neid erblassen. Mitterand entwickelte ein ausgeklügeltes System, um das überschüssige Geld der verstaatlichten Betriebe dorthin zu leiten, wo es hin gehörte, nämlich zu den Vertretern der Arbeiterklasse. Die würden schon wissen, was damit zu tun war.

Erst dem System fremde Einflüsse brachten Misstöne ins Glück dieses Teils der Arbeiterklasse. Aber wer in Frankreich konnte schon die volle Tragweite der europäischen Integration abschätzen? Dass eine Norwegerin in Frankreich Richterin wurde und statt dabei die Mentalität der Grande Nation zu adoptieren ihre eignen Vorstellungen beibehielt, durfte sie denn das? In Euroland schon, wenn auch unter dem Siegel der Ehe mit einem Franzosen.

Kurz, was die Eva Joly da tat, war Spielverderberei. Zwar gelang es ihr nicht, bis zum Kern der Geschäfte vorzudringen. Zum Beispiel war sie auf die Fährte einer großen Affäre mit Bestechungsgeld von ein paar hundert Millionen Franken gestoßen. Als sie jedoch einen der Schlüsselmänner verhaften lassen wollte und sogar über die Interpol einen internationalen Haftbefehl erstellte, fand man ihn nicht mehr. Das hinderte ihn nicht, in einer Fernsehsendung aufzutreten und seine Seite darzulegen. Er hätte ja bloß den ehrlichen Vermittler abgegeben. Etwas über 200 Millionen Franken hätte er auftragsgemäß von seinem Schweizer Konto auf ein anderes Schweizer Konto überwiesen, um den Leunakauf durchzuziehen. Er zeigte sogar den Bankauszug mit der Transaktion. Neckisch setzte er hinzu, dass er durch dieses komische Gerichtsverfahren nicht einmal mehr ins Ausland reisen könne.

Seit ein paar Jahren war die dunkle Geschichte mit Elf und seiner Erwerbung der Leunafabriken in Frankreich medienkundig. Die Artikel wurden natürlich auch in Deutschland gelesen. Niemand schien sich gestört zu fühlen. Erst als Schröders Stern von lokaler Wahl zu lokaler Wahl radikal zu sinken begann, erinnerte sich jemand daran. Nichts als Spielverderber. Dabei wollten Kohl und Mitterand doch sicher nur die frankodeutsche Einigkeit vertiefen.

Kurz, auch in den anderen politischen Lagern fehlen die Skandale nicht. Das Grundschema ist das gleiche, Mitglieder der Nomenklatura der politischen Parteien handeln wie Privatbesitzer des ihnen Überantworteten zum Schaden der Allgemeinheit. Erst jetzt entdeckt man Schatten in Kohls Geschichte, bei seiner guten Freundin Thatcher war das augenfälliger. Der Rinderskandal brachte der britischen Wirtschaft Milliardenschäden. Gibt es einen Briten, den das stört? Ja, doch, kurzzeitig insofern die Labourpartei die letzten Wahlen gewonnen hat. Doch Blair tut wie Schröder alles, um sich unbeliebt zu machen und es steht schlecht für die nächsten Wahlen. Oder hat er etwa, wie Schröder, eine Trumpfkarte im Ärmel versteckt?

In allen Fällen wird jedenfalls der gleiche Steuerzahler bestohlen der von den gleichen Politikern lauthals für seine Stimme umworben wird.

Trotzdem, in unseren Breiten hat man gelernt, seine Masche zu kaschieren. Diskretion ist Trumpf. In der Dritten Welt arbeitet man nach dem gleichen Strickmuster aber irgendwie naiv, ganz an der Oberfläche. Als diese Länder in den Sechzigerjahren unabhängig wurden, waren die Industrieländer in Ost und West eigentlich einig, dass nur das leninsche Modell für sie Ziel führend sein könne. Aber die Vorzeichen sollten entgegengesetzt sein.

In Afrika lief das auf einen Stammeskampf aller gegen alle hinaus, mit den westlichen und östlichen Mächten als Rat- und vor allem Waffengeber. In einem Land nach dem anderen setzten sich Persönlichkeiten durch die ein sozialistisches, anderswo ein marktwirtschaftlichen System adoptierten. Die Praxis war überall gleich - die einheimische Wirtschaft in staatlicher Hand (wo soll man so schnell Kapitalisten hernehmen), die wirtschaftliche Grundlage von westlichen Firmen abgesichert und die Machtelite einem oft genug in der Minderheit befindlichen aber kriegerischen Stamm angehörend.

Zentralistisch ausgerichtet waren sie alle. Leninistisch sogar: der Ultrarechte Mobutu von Zaire ernannte ein Politbüro, ein Zentralkomitee und nannte seine Minister "Volkskommissare". Aber der Staat, das war er. Und man hat noch nie von einem Mitglied des zairesischen Politbüros gehört, der eine andere Meinung als Mobutu gehabt hätte.

Aber man soll nicht ungerecht sein. In den Staaten mit linken Regimes wurde von Anfang an das Schulwesen forciert und heute noch kann man im Radio verhältnismäßig viel kulturelle Sendungen hören. Das eigentliche

Kulturleben der linken hinkt dagegen interessanter Weise den rechten Staaten nach. Denn in den linken Regimes lief die Korruption vorerst nicht so sehr auf finanzieller Ebene, es ging vor allem um Privilegien, Ehrenstellungen Lobhudelei des Präsidenten. Die Korruption griff erst etwas später auf die materiellen Seiten des Lebens über.

Heute sind die E-länder aller politischen Richtungen total überschuldet und merkwürdigerweise erwartet nun alle Welt die Lösung von einer Entwicklung der Demokratie. Denn die Ergebnisse der Methode der starken Hand sind mehr als traurig. Den "Eliten" ist das Schicksal ihres Landes völlig gleichgültig. Mit den zusammengerafften Millionen schicken sie ihre Kinder in Eliteschulen in Paris, London oder Genf. Es ist Prestigesache ein Apartment in Paris und eines in New York zu haben. Zwischendurch spielt man Delegierter auf Konferenzen welche die Entwicklungsprobleme der E-länder lösen sollen was, wenn schon sonst nichts, so doch fette Diäten bringt.

Horst Schulmann, Direktor des Internationalen Finanzinstitutes in Washington, einem Forschungsinstitut, das von Banken weltweit finanziert wird erklärte schon vor zehn Jahren, dass nach verlässlichen Schätzungen die Guthaben von Staatsangehörigen der fünfzehn meist verschuldeten Länder wahrscheinlich höher sind als 300 Milliarden Dollar. Das sei ein Betrag der ungefähr der Schuld dieser Länder bei den Banken entspricht.

Das ist etwa so weit wie ein internationaler Banker vom Format eines Horst Schulmann gehen kann. George Péan geht weiter. In seinem Buch "Das Schwarze Geld Afrikas" (L'Argent Noir de l'Afrique, Paris 1989) erklärt er was und wie man's weiß:

...Das grüne Licht der (Kredit-)Garantiekommission für ein gegebenes Dossier gilt auch für das zugehörige Schmiergeld. Der französische Staat "wäscht" auf diese Weise das "Schwarzgeld", das für Staatsoberhäupter und Potentaten der Dritten Welt bestimmt ist ...

Wenn erst einmal das Grüne Licht gegeben ist, kommt die zweite Etappe: der Korrumpierer muss das Geld zum Korrumpierten bringen... im Büro des Nr. 2 des französischen Zolls (muss er kommen) um seine "Beichte" abzulegen. Dort, unter größter Geheimhaltung, werden die Namen der Empfänger und die Nummernkonten in der Schweiz und anderswo offengelegt...."

Und der Gute kann da nicht irgendwelche Phantasienummern angeben - schließlich könnte der Korrumpierer ja auf diese Weise ganz elegant seine Steuern hinterziehen. Nein, nein, die Nummernkonten sind bereits ganz genau bekannt und so geht man kein Risiko ein. Ein neu auftauchendes Konto in der Schweiz oder sonst wo wird vom zuständigen Geheimdienst verifiziert, bevor das grüne Licht kommt.

Diskret, diskret, der Schulmann ... man "schätzt verlässlich".

Diese gigantischen "uneinbringbaren" Summen befinden sich im Großen und Ganzen sowieso auf Bankkonten bei den Banken denen diese Summen geschuldet werden.

Ganz konkret: Die europäischen Regierungen wissen meist sehr genau, wo die gestohlenen Gelder liegen. Nachforscher einer richterlichen oder gar UNO-Instanz lässt man im Kreis laufen.

Die Dekadenz der politischen Parteien spielt sich aber in einer Zeit ab, die unübersichtlich und komplex geworden ist wie selten zuvor. Die Werkzeuge der Gesellschaft entsprechen nicht mehr den Anforderungen. Diese Werkzeuge, das sind die politischen Parteien, mit ihren leninoiden Konzepten, auf welche sie seit dem Ersten und dann noch mehr seit dem Zweiten Weltkrieg zurück fielen. Der Zusammenbruch der Staaten des "Realen Sozialismus" war kein Triumph, er war ein Menetekel für unsere Gesellschaft.

Heute stehen wir immerhin vor dem Vertrauensverlust der Menschen in ihre Politiker. Die stehen als Diebe da, als Diebe der Hoffnung ihrer Anhänger, dass die Gewählten für eine gerechte Gesellschaft eintreten würden.

XIX.

Die Unsicherheit des Bürgers vor dem Eindringling

Erinnern wir uns doch an das Ende der Sechzigerjahre - wer hätte denn 1966 oder noch 1967 das explosive Fest voraussehen können, das auf der Columbia University in New York, an der Berkeley University in San Francisco, an der Sorbonne und den Strassen von Paris, in West-Berlin und weiß Gott noch wo über die Bühne lief? Es ließe sich daraus schließen, dass bestimmte unterschwellig vorhandene gesellschaftliche Spannungen sich in völlig unerwarteter Richtung entladen, wenn, ja wenn es keinen für die Betroffenen annehmbaren Entladungsweg mehr gibt. Es gab zu der Zeit so wenig materielle Unzufriedenheit, dass viele diesen merkwürdigen Aufstand der Jungen als Ergebnis ihrer Verhätschelung sahen. Das heißt, wenn diejenigen, die unter der Spannung leiden, keine Hoffnung mehr haben etwas mit üblichen Mitteln ändern zu können. Dieses wahrhaftig geniale Schlagwort von der "Kulturrevolution" wurde zum Katalysator der plötzlichen, unerwarteten Entladung, die eine zu der Zeit scheinbar unpolitische Jugend auf die Barrikaden brachte. Aber worin bestand die Spannung eigentlich?

Die Lage ist heute gar nicht so verschieden. Materiell steht die Masse der Bevölkerung etwa in Österreich gar nicht so schlecht da. Das Land hat eine der niedrigsten Arbeitslosenraten Europas. Aber ein großer Teil der Bevölkerung hat das Vertrauen in die Politiker verloren und oberflächlich damit auch Interesse an Politik. Aber Politik wird ja nicht zum Spaß gemacht, Politik hat eine Funktion. Niemand von uns kann für sich allein leben. Alle die Notwendigkeiten, die von der Allgemeinheit für uns wahrgenommen werden müssen, die sind den Bedürfnissen entsprechend zu regeln und dafür sind die Politiker gewählt worden. Haben wir gewöhnliche Bürger kein Vertrauen mehr, dann gibt's jede Menge irrationaler Reaktionen. Nicht jedes Mal gibt es einen genialen Slogan und so holen wir uns das Irrationale meist aus der Schublade des Atavismus. Misstrauen allem Unbekannten gegenüber gehört zu den menschlichen Atavismen. Ablehnung des Fremden, Fremdenhass und in extremen Fällen bis zu Rassenhass sind also fast unausbleibliche Reaktionen in Zeiten stetig steigender Unsicherheit. Und das nicht nur bei uns. Amnesty International vermerkt in seinen Jahresberichten immer wieder, dass weltweit

102

die Unterdrückung ethnischer Minderheiten stark zunehme. Der eigentliche Auslöser dieser Ablehnung der Fremden bei uns, wenn auch nicht ihr tieferer Grund, ist jedoch eines der vielen von unseren Politikern geschaffenen und nicht gelösten Probleme.

Anlässlich des wirtschaftlichen Booms der Fünfziger- und Sechzigerjahre, noch bevor die Rationalisierung und Automatisierung der Industrie durchgegriffen hatte, war der Bedarf an Arbeitskräften höher als das Angebot. Die notwendigen Arbeiter wurden vorerst in den armen südeuropäischen Ländern angeworben, in Italien, Spanien, Portugal und Griechenland. Mit dem auch dort langsam einsetzenden wirtschaftlichen Aufschwung wurden billige Arbeitskräfte dann in Jugoslawien und der Türkei gesucht, die Franzosen holten sich Nordafrikaner und die Engländer Inder und Jamaikaner. Einige Zeit hindurch war die Zahl der schließlich "Gastarbeiter" genannten ausländischen Arbeitskräfte gering genug um nicht zu stören, außerdem war der letzte einheimische Hilfsarbeiter dafür. Jetzt brauchte er nicht mehr selber die Dreckarbeit zu machen, jetzt konnte er ihre Durchführung beaufsichtigen. Er wurde zu einem Boss. Mit der beginnenden intensiven Rationalisierung tauchten die ersten kleinen Schwierigkeiten auf. Denn der Zufluss der Ausländer hielt sich ja nicht mechanisch an den Bedarf. Die Erscheinung hatte Eigendynamik gewonnen und dem vorerst gleichbleibenden, dann sinkenden Bedarf stand ein steigender, nun schon Einwanderungsdruck gegenüber. Denn ganz selbstverständlich wollten die Gastarbeiter, deren Lebensstandard im Verhältnis zum Herkunftsland radikal gestiegen war, ihre Verwandten am Erfolg teilnehmen lassen. Sie versuchten mit allen Mitteln, diese aus dem Heimatland in das Gastland zu bringen. Dazu kam noch ein weiterer Faktor, besonders in Deutschland.

Im Zeichen des Kalten Krieges und der zunehmenden Unterdrückung in den Ostblockstaaten wurde es für die westliche Politik wichtig zu zeigen, wie gut das Leben im Kapitalismus doch sei. Die entsprechenden Gesetze und Bestimmungen wurden selbstverständlich nicht für "Flüchtlinge aus den kommunistischen Ländern" erlassen, sondern den internationalen Abmachungen der Nachkriegszeit über die Menschenrechte entsprechend, für politische Flüchtlinge im allgemeinen. Doch gestattete man sich aus politischen PR-Gründen Freigebigkeit in bezug auf Empfang und Unterhalt der Flüchtlinge, an die man sonst nie gedacht hätte. Aber nicht einmal die Linke konnte ein Übel daran finden, schließlich hatten dann auch die chilenischen Flüchtlinge davon ihre Vorteile gehabt.

Lange brauchten aber findigen Leuten nicht dazu, um diese windgeschützte Stelle von Schlaraffenland zu entdecken. Aeroflot verdiente sich bald krumm an ganzen Flugzeugladungen aus Sri Lanka, die nach Ostberlin flogen, problemlos nach Westberlin wechselten und dort um Asyl ansuchten. Alles war für sie geregelt. In Sri Lanka hatten sie ein halbes Jahr "Flüchtlingsgehalt" und die Flugkarte für den Hinflug im voraus bezahlt. In Westberlin brachte sie der Autobus zur Meldestelle, das Ansuchen um den Status als politischer Flüchtling war bereits ordnungsgemäss für sie ausgefüllt worden. Bald gehörte es zum guten Ton im srilankischen Bürgertum, Verwandte auf Flüchtlingstour zu schicken, damit sie dann Videogeräte und dergleichen von der Unterstützung als Flüchtlinge kauften und zurückschickten.

In Aachen tauchten Ende der Achtzigerjahre so viele politische Flüchtlinge auf, dass das dafür bestimmte Budget bald aufgebraucht war und schließlich weitere Flüchtlinge abgewiesen werden mussten. Einige Fälle wurden bekannt, in denen solche Abgewiesene dann in den Kerkern Mobutus auf immer verschwanden.

Etwas später wurde ebenfalls bekannt, dass der größte Teil dieser Flüchtlinge aus Zaire Urlauber sowie Studenten waren, die ganz normal auf den naheliegenden belgischen Universitäten mit Stipendien des korrupten Mobutu-Regimes versorgt studierten und fanden, dass sie sich auf diese bequeme Weise ihre Diäten radikal aufbessern konnten.

Schließlich kam mit dem Zusammenbruch im Osten ein neuer Strom von Zuwanderern. Kein Mensch sprach jetzt mehr von politischen Flüchtlingen, aber die Gesetze waren da und so konnte noch einige Zeit hindurch eine erkleckliche Anzahl von gewieften Typen einkassieren. Darüber hinaus gab es auch einige Zeit lang den Einbruchtourismus. Die ganz gewöhnlichen Gauner kamen mit dem Wagen in den Westen, füllten sich mit einigen schnellen Einbrüchen den Kofferraum und kehrten gemütlich wieder in ihre Heimat zurück.

Verständlicher Weise erzeugten diese Entwicklungen böses Blut in der Bevölkerung. Die Angehörigen der sogenannten Vierten Welt, also die von der Wohlstandsgesellschaft weitgehend ausgeschlossenen und unter der Armutsgrenze lebenden... aber nein, die Klassifizierung ist ja schon wieder überholt - also die Angehörigen des Dritten Drittels, die in der Zweidrittelgesellschaft von vorneherein Ausgeschlossenen, die waren besonders sauer. Aber der Ausdruck Zweidrittelgesellschaft ist ja auch schon wieder überholt. Jetzt sind es nur mehr die Arbeitslosen und sonstigen, unter der Armutsgrenze lebenden Bürger. Von ihnen, fanden diese, machte und macht man weniger Aufhebens als von den Fremden, auch wenn inzwischen viele dieser günstigen Schnäppchen des Unterhalts für Ausländer abgeschafft wurden. Die bösen Gefühle sind besonders bei dem geblieben, der keine Chance hat.

Was sich insgesamt abspielte, war ein Nachhinken der Politiker auf

Vorgänge, die sie dann erst viel später begriffen, wenn überhaupt. Die Reaktion der Bevölkerung, alle Schichten mit eingeschlossen, ist entsprechend negativ. Und eigentlich sollte niemand überrascht davon sein, dass sie sich gegen alles Fremde richtet. Typisch deutscher (oder französischer, oder englischer) Rassismus, protestieren jedoch die Hüter der Menschenrechte in ihrem jeweiligen Land.

Der Rassenwahn des vorigen und der ersten Hälfte dieses Jahrhunderts war über mehrere Jahrhunderte heran gewachsen. Motiviert wurde dieser Wahn durch das moralische Bedürfnis, nichts Schlechtes zu tun und doch die in diesem Zeitraum errungene absolute Herrschaft über riesige Völkerschaften genießen zu können. Anders gesagt, Kolonialismus und Imperialismus bestanden im Erobern fremder Gebiete und Unterwerfung der einheimischen Völkerschaften. Der Rassenwahn lieferte dazu das ruhige Gewissen.

Heute wird nichts mehr erobert. Die "herrschenden" Völker haben sich in wohlgenährte Urlauber verwandelt. Die Angehörigen der hungrigen Völker kommen freiwillig um sich - zwar nicht theoretisch aber doch in der Praxis - zu unterwerfen. Der Wunsch, sich die Andern vom Leibe zu halten ist aber als Motivation nicht stark genug, um eine neue Version des Rassenwahns bilden zu können.

Die Lage ist im übrigen gar nicht so neu. Im vorigen Jahrhundert bereits holte man sich in Zeiten der Konjunktur Polen in die Bergwerke und Industriegebiete. Die wurden in Zeiten der Krise arbeitslos, hatten sich aber bereits mit ihren Familien sesshaft gemacht. Die einheimischen Arbeitslosen gaben selbstverständlich den "Polacken" die Schuld und es gab Fremdenfeindlichkeit und jede Menge Gewalttätigkeit und Überfälle auf fremde Arbeitskräfte. Zumindest bis zur nächsten Konjunktur und wie sehr die damaligen "Polacken" in der Bevölkerung aufgegangen sind, kann man in jedem Telefonbuch abchecken.

Heutzutage stellen Türken, sowie Nordafrikaner aus dem Maghreb in Frankreich das Gros der Gastarbeiter. Während die Maghrebiner meist keine besonderen Schwierigkeiten haben, sich anzupassen, scheinen Türken sich beim Anpassen schwerer zu tun. Das hat zum Teil religiöse Gründe, liegt zum Teil aber auch beim eigenen Rassenwahn der Türken. In Frankreich kann man oft genug Krach zwischen ihnen und den Maghrebinern beobachten. Jene verachten Araber in alter Tradition als minderwertige Sklavenrasse, die sie schließlich über Jahrhunderte hinweg beherrschten. Für Völker, deren Angehörige sich zu gut zum Anpassen an besuchte Länder waren, hat man das Wort vom hässlichen Amerikaner oder auch hässlichen Deutschen geprägt. Es gibt natürlich auch hässliche Türken in diesem Sinn und es ist normal, dass betroffene Menschen sich gegen die Weigerung des Fremden wehren die Sitten des Gastlandes zu achten.

Die jetzigen Spannungen sind also nicht neu und wohl um etliches weniger tiefgehend als manche denken. Völlig abwegig wäre es auf jeden Fall, die gegenwärtige Erscheinung mit dem Rassenwahn der alten Schule wie Kraut und Rüben zusammen zu mischen. Bei den überzeugten Gegnern des Rassenwahns ist hier etwas tieferes Denken notwendig. Anna Melach erzählte mir da eine merkwürdige Geschichte aus Studentenkreisen:

"Die Party lief auf vollen Touren. Alles liebe Leute aus den verschiedensten Studienrichtungen. Auch ein Afrikaner war dabei. Man freute sich über den exotischen Gast, zeigte ihm Sympathie und vor allem, dass bei uns so etwas wie Rassendiskriminierung einfach undenkbar sei. Irgendwann kam dann doch jemand auf das Thema, fragte den afrikanischen Studenten, ob er seit seiner Ankunft je unter Rassendiskriminierung zu leiden hatte. Mbane, so hieß der Junge, hatte angesichts der guten Stimmung überhaupt keine Lust, jetzt über DAS THEMA zu sprechen. Er wich der Frage aus indem er sein Glas hob und sagte: ‚Ich bin stolz darauf, Schwarzer zu sein!‘ Ein Student, der gerade vorbeikam, hob ebenfalls sein Glas und rief "Und ich bin stolz darauf, Weißer zu sein!" Die Beiden stießen mit ihren Gläsern an, tranken und der Junge ging weiter. Doch im Raum war es plötzlich still geworden. ‚So ein Rassist!‘ sagte jemand halblaut."

Kurz nach dem Zweiten Weltkrieg las ich eine Kurzbetrachtung im englischen "New Statesman and Nation". Der Journalist berichtete darin über das letzte Fußballspiel, dem er beigewohnt hatte, ein Freundschaftsspiel zwischen einem Team aus Ghana, damals Goldküste, und einer Londoner Mannschaft. Der Autor hatte sich halb heiser geschrien und fuhr nun entspannt und angeregt wieder nach Hause, als er eine merkwürdige Entdeckung machte. "Ich hatte," schrieb er etwa, "lautstark gegen ein Faul der Ghanaer protestiert!" Und sein sofortiger Schluss: "Ich glaube, ich habe den letzten Rest meines Rassismus überwunden, denn hätte ich ihn noch, dann würde ich mir untersagt haben, Schwarze zu beschimpfen."

Schlimme Überreste des aggressiven Rassismus kommen allerdings dort zu Tage, wo sich Frustration mit dem Atavismus „Stammesdenken“ verbindet. Bei dieser Geisteshaltung sucht der Einzelne Halt in der Gruppe und sucht ständig, sich durch Aggressionen gegen hervorstechende Vertreter der „Anderen“ zu bestätigen. Es mag traurig sein, doch hier hilft insofern nur Härte, als dadurch das Erfolgserlebnis - den Anderen endlich umgebracht zu haben - durch negative Folgen weitgehend ausgeglichen wird. Diese Härte hilft aber nur, Zeit zu gewinnen. So lange die Verhältnisse nicht überwunden werden, die zur Brutalität gegen den Anderen führen , wird es immer wieder zu Ausbrüchen des Frustes kommen. Aber trotz allem, es handelt sich um Randerscheinungen

Zunahme der Unterdrückung von Minderheiten auf der einen Seite, Auflösen der Grundlagen des aggressiven Rassismus auf der anderen Seite, es ist nicht leicht, hier klar zu sehen. Immerhin lässt sich sagen, dass es kaum noch Regimes oder Bewegungen in der Welt gibt, die sich unbekümmert die Unterdrückung oder Vertreibung einer anderen Rasse zum Programm machen können. Drahtzieher haben keinen Rückhalt mehr in auch nur einem Teil der Weltmeinung. Sie schwimmen gegen den Strom der Zeit und man sah zuerst in Südafrika, dann in Serbien und Ost-Timor, dass gegen diesen Strom niemand auf die Dauer anschwimmen kann. Trotzdem gibt es Gefahren, doch sie liegen auf anderen Ebenen.

XX.

Die Gefahr und die Hoffnung

Trotz aller Alarmrufe ist die Gefahr radikaler antidemokratischer Bewegungen in Demokratien nicht sehr groß. Wenn man sich die Ergebnisse der Wahlen der letzten zwanzig Jahre in den verschiedensten Ländern ansieht, so entdeckt man schnell, dass die Stimmen der bedeutenderen rechtsextremen Parteien zwischen 5 und 25% schwanken. Das entspricht dem harten Kern von fünf bis acht Prozent, der immer gleich rechtsextrem wählt und einer Art von Protestwählern, die hier die einzige Möglichkeit sehen, ihrem Unmut auf wirksame Weise Luft zu machen. Denn aus den Medien erhalten sie ständig den Eindruck, dass es die Rechtsradikalen sind, vor denen die Politiker aller Richtungen am meisten Angst haben. Die Erscheinung erhält noch größere Resonanz durch die Tatsache, dass in Zeiten politischen Vertrauensverlustes der Bürger versucht ist Wahlen Wahlen sein zu lassen, denn "die da oben machen ja doch was sie wollen". Typisch produzieren sich die hohen Prozentsätze meist bei Wahlen mit geringer Beteiligung. Wer annimmt, mit seiner Stimme einen Denkzettel verpassen zu können geht aber sehr wohl wählen.

Es liegt in der gleichen Logik, dass nur in extremen Situationen die äußerste Rechte größere Gewinne erzielen kann. Das war 1933 bei Hitler so, als ein genügend großer Teil der Bevölkerung so viel Vertrauen in die politischen Parteien verloren hatte, dass 33 Prozent die Nazi wählten. Damals war in Europa aber auch noch die Überzeugung solide verankert, Nationalismus sei die Lösung für alle Übel.

Gerade aus diesem Grund geht es nicht nur um außergewöhnliche Umstände, wie im Jahre 1933. Es gibt einen grundlegenden Unterschied zwischen den faschistischen Parteien aller Schattierungen und dem, was ich versucht bin, die "extreme demokratische Rechte" von heute zu nennen. Die nazistischen oder faschistischen Parteien des Zwischenkrieges fußten auf Eroberungsideologien, den extremen Auswüchsen der nationalen und imperialistischen Ideologie des 19. Jahrhunderts.

Faschismus und Nationalsozialismus waren das Endprodukt eines halben Jahrtausends Rassenwahns, der von Europa aus die Welt überschwemmte. Die erste Ladung von zehn schwarzen Sklaven, welche Antam Gonsalves 1442 nach Portugal brachte, war symbolischer Ausgangspunkt dessen, was sich über die Jahrhunderte zur Überzeugung von der rassischen Überlegenheit des Weißen Mannes mauserte. Fast genau 500 Jahre später wurde die nun schon wieder in Vergessenheit geratene Schlacht von Stalingrad für die Generation nach dem Zweiten Weltkrieg zum Symbol der Vergeblichkeit des Willens, eine endgültige Weltordnung auf Grundlage der rassischen Überlegenheit des Weißen Mannes zu erzwingen. Die Internationale Erklärung der Menschenrechte trug 1948 den Wahn feierlich zu Grabe. Was danach kam waren hoffnungslose Rückzugsgefechte.

Die extreme Rechte von heute kann sich offiziell eine faschistische Ideologie gar nicht mehr leisten. Wie heute Sjuganov in Russland für die Altkommunisten, standen sie in einer ersten Periode für die Interessen der Altfaschisten und Nazis ein. Vom Ersetzen der demokratischen Gesellschaftsordnung durch eine autoritäre Neue Gesellschaftsordnung wagt kein verantwortlicher weit außen Rechter von heute mehr zu reden, auch wenn er es gerne täte. Und das ist nicht einfach eine Frage der Taktik. Wie die leninoide EU-Politklasse muss sich auch die faschistoide Rechte mit der demokratischen Zwangsjacke vertraut machen. Ihr bleibt an sich nur die Hetze gegen Fremde als propagandistischer Spielraum, als Erfolgsstrategie nicht gerade umwerfend.

Um jedoch die Resonanz dieser Hetze in nicht unerheblichen Kreisen der Bevölkerung zu verstehen genügt es nicht, den Rassismus zu verurteilen und das Ausnützen der Fremdenfeindlichkeit als hinterlistige Taktik der Nostalgiker des Nazismus hinzustellen, die auf diese Weise die Vergangenheit durch das Hintertürl wieder hereinbringen wollen. Das Gastarbeiterproblem, tatsächlich der Einwanderungsdruck auf unsere Länder, das ist ja nur das spektakuläre Anzeichen eines tiefer liegenden Problems und der Hass auf die Fremden aus der Dritten Welt nur der irrationale Ausdruck einer tief sitzenden Angst in der Bevölkerung. Diese Angst hat ihre Gründe.

Es wird immer wieder und von den verschiedensten Seiten darauf hingewiesen, dass die unaufhaltsame Verschlechterung der Lebensbedingungen in der Dritten Welt auf lange Sicht das Gleichgewicht unserer Welt bedrohe. Bevölkerungsexplosion, Erosion der fruchtbaren Erde, Vordringen der Wüsten, das ständige Sinken der Rohstoffpreise, die Liste ist lang und kein Hoffnungsschimmer am Horizont.

Doch diese anscheinend unaufhaltsame Entwicklung ist keineswegs das Ergebnis des teuflischen Plans eines Generalstabs des Imperialismus. Viel einfacher, es ist eines der logischen Ergebnisse einer Eigenart unseres in den Nachkriegsjahren eingefahrenen an sich sehr guten Systems.

Diese Eigenart des Systems können wir konkret auf unseren eigenen

Hinterhöfen betrachten, in der Landwirtschaft. Im industriellen Teil der Wirtschaft hat sich nach dem Krieg mit der Zeit ein System der regelmäßigen, automatischen, weder mit Produktivität, Produktionserhöhung noch Gewinnerhöhung verbundenen Kostenerhöhung entwickelt. Die am leichtesten überschaubare und in gewissem Sinn überraschendste Ursache ist die Auswirkung bestimmter Erfolge der Gewerkschaftsbewegung. Es ist ein Erfolg auf sozialem Gebiet, dass Beschäftigte in Industrie und Dienstleistung in jährlichen Abständen Gehaltserhöhungen bekommen, entweder nach bestimmten Dienstzeiten innerhalb der Firma und ähnlichen Kriterien oder als allgemeine jährliche Erhöhung. Diese Steigerungen sollen langsam den Anteil der Arbeiter und Angestellten am sozialen Kuchen erhöhen. Zumindest in der Theorie sollen sie das und sie taten es auch. Ursprünglich war eine Bindung zwischen den Erhöhungen und dem Wachsen der Produktivität eingebaut. Dabei bekam der nicht selbständige Teil der Bevölkerung zumindest so viel dazu, als die Wirtschaft als Ganze billiger produzierte. Das schien vielen Mächtigen nicht zu gefallen, die Verknüpfung zwischen Wachsen der Produktivität und Wachsen des Einkommens auch der nicht selbständig tätigen Bevölkerung wurde in ganz Europa gelöst. Bald danach ließ sich eine sprunghafte Erhöhung der Gehälter von Politikern, Gewerkschaftern und anderen politischen Würdenträgern beobachten. Sie waren nicht mehr durch das Prinzip der durchschnittlichen Erhöhung der Produktivität gebunden.

In der Praxis bringt die generelle Erhöhung der unselbständigen Einkommen, so wie sie sich schließlich entwickelte das Gegenteil der verkündeten Ergebnisse mit sich. Der Unternehmer hat keine Schwierigkeiten, die Mehrbelastung auf die Preise abzuwälzen und auch gleich noch seinen eigenen gleichen Prozentsatz dazu zu schlagen. Denn diese Mehrkosten betreffen ja nicht eine Firma, sondern alle, die ganze Industrie gleichmäßig und das über die ganze Europäische Gemeinschaft. Die entsprechenden Preissteigerungen können also nicht über den Konkurrenzmechanismus verhindert werden. In der alten Praxis erhöhten zwar Unternehmen ihre Preise, die unter der mittleren Produktivitätssteigerung lagen, wie etwa Friseure, nicht jedoch solche, die eine höhere Produktivität erzielten.

In der Landwirtschaft läuft das von Alters her anders. Ist die Ernte gut, sinken die Preise, trotz Mehreinnahmen verschlechtert sich oft das Verhältnis von Kapital und Arbeitseinsatz zum Einkommen. Ist die Ernte schlecht, dann steigt zwar häufig der Preis, doch bringt der höhere Preis keinen Mehrgewinn. Ist die Ernte allzu schlecht, läuft der Landwirt schnell Gefahr, das Jahr mit Verlust abzuschliessen. Er kann nicht kurzfristig auf ein anderes Produkt umsteigen. Er kann das Jahresergebnis nie voraussagen.

Über direkte und indirekte Subventionen sowie über Preisfestsetzungen wurde bis jetzt in der EU das Ärgste für die Landwirtschaft verhindert. Trotzdem haben sich die "Terms of Trade" auch für die europäische Landwirtschaft in den letzten Jahrzehnten grundsätzlich verschlechtert. Um einen Traktor zu kaufen, muss ein Landwirt heute ein Vielfaches von der Menge an Weizen produzieren, für die er vor 30 Jahren einen Traktor bekam. Die Entwicklungsländer finden sich in einer ähnlichen Lage und stehen diesem System völlig wehrlos gegenüber. Bei ihnen gibt es keinen Ausgleich durch Subventionen. Jahr für Jahr verschlechtert sich ganz automatisch das Preisverhältnis zwischen den von ihnen erzeugten Rohstoffen der Landwirtschaft und des Bergbaus und den importierten Industriewaren. Denn angesichts der Stärke der westlichen Devisen konnte auch kein Ausgleich auf dem Gebiet der Wechselkurse etwa insofern erzielt werden als das Dritte Welt Land einen Preisanstieg von Industriewaren von fünf Prozent durch eine Erhöhung des Wechselkurses einer Währung um fünf Prozent ausgleicht.

Vor einigen Jahrzehnten war die Situation in den E-ländern noch günstiger und vor allem, es gab noch Hoffnung, die Welt schien in Bewegung. Anstrengungen versprachen, Ergebnisse zu bringen. Die Hoffnungen erwiesen sich aber als vergeblich.

Die wahre Revolte der Dritten Welt könnte auf einer ganz anderen Ebene stattfinden. Die Infiltrationsversuche einer Armee von verzweifelt dem Elend entfliehenden Ameisen in die Wohlstandsfestungen der Industrieländer könnte ein Beispiel dafür sein. Diese Erscheinung ist aber noch ganz unschuldig, diese Leute haben ja noch Hoffnung, letztendlich durch harte Arbeit zu Wohlstand zu gelangen.

Ein vor zehn Jahren in der italienischen Presse kurz vermerkter Zwischenfall scheint bezeichnend für das was da im Untergrund läuft. In der Nähe von Neapel legte ein Killerkommando der Camorra fast ein Dutzend kenyanische und tanzanische Dealer um, die allzu frech auf den Jagdgründen der Camorra gewildert hatten. Aber hier könnte es auf lange Sicht zu einem ungleichen Kräftemessen kommen. Für einen toten, in diesem Fall schwarzen Dealer gibt es hundert Freiwillige ohne Zukunft aus den Slums Afrikas, Asiens und Südamerikas. Sie sind bereit, bedenkenlos ihr Leben auf's Spiel zu setzen, um in einer wilden Nacht mit Frauen und Whisky 1.000 Mark verpulvern zu können. Immer öfter geistern Nachrichten durch die Medien, dass wieder eine Rekordmenge an Heroin oder Kokain oder dergleichen beschlagnahmt wurde. Es besteht jedoch kein Grund zur Zufriedenheit. In immer neuen Gebieten der Dritten Welt entdecken findige Leute, dass der einzige Rohstoff, bei dem sich die "Terms of Trade" nicht unaufhaltsam verschlechtern, die Rohstoffe zur Herstellung von Drogen sind. In der Mitte des Jahres 2000 sind nach den offiziellen Statistiken nur mehr 16 Prozent Italiener an mittleren und kleinen Straftaten außerhalb der organisierten Kriminalität beteiligt. 42 Prozent werden von meist illegal in Italien lebenden Rumänen begangen, 37 Prozent von Nordafrikanern. Die Albaner haben bereits ihre Feuerprobe bestanden und ihre kriminelle Aktivität voll durchorganisiert. Man kann annehmen, dass sie nicht der Mafia auf die Zehen treten, sondern dass sich die kriminelle Tätigkeit in Italien insgesamt ausgeweitet hat.

Ich frage mich, was Opa Che Guevara sagen würde, wenn er wüsste, dass Managua der Schwanengesang seines Traums war, das Cartel von Medellin dagegen die Morgenröte des neuen Jahrtausends. Wenn er wüsste, dass es nicht 100 Vietnams und Kalaschnikow schwingende Revolutionäre, sondern 1.000 Medellins sind, welche den "Imperialismus" in Gefahr bringen. Es sind heute schon unzählige Milliarden Dollars gewaschenen Geldes, die nicht nur ins wirtschaftliche, sondern auch ins politische Leben unserer Gesellschaft eindringen. Alle diese unterirdischen Vorgänge werden von unserer Bevölkerung gespürt. Diffus sich verbreitende Angst und Unsicherheit bilden den Nährboden, auf dem die zwangsdemokratische radikale Rechte gedeiht. Als deren Ziel wird sich nicht ein neuer Faschismus herauskristallisieren, sondern einerseits eine Beibehaltung und noch Verschärfung der nach allen demokratischen Regeln organisierten scharfen EU-Haltung den mittellosen Fremden gegenüber. Reiche Mafiosi sind immer noch willkommen. Doch die Hauptstoßrichtung wird anderswo liegen. Es gibt praktisch keine freie Politnische links von der Linken mehr, aber auch nicht rechts von der Rechten. Auf beiden Seiten ist schon alles ausgereizt, beziehungsweise aus Demokratiezwang nicht mehr verwertbar.

Große Ellbogenfreiheit besteht dagegen auf dem Gebiet der Forderung nach Verwirklichung der so lautstark propagierten demokratischen Prinzipien. Es ist schließlich immer noch so, dass Thesen, die sich im kollektiven Bewusstsein der Menschen festsetzen, eine immer stärkere Eigendynamik entwickeln. Auf diesem Gebiet hat sich Jörg Haiders "Freiheitliche Partei" seit einigen Jahren gefährlich eingenistet.

XXI.

Die Gefahr des Demokratieextremismus

Nach all dem Gesagten sollte es also klar sein, dass sich die europäische Wertegemeinschaft in Gefahr befindet. Ein gewisses Problem scheint den Politikwissenschaftlern jedoch die Definition der europäischen Werte zu sein. Sieht man sich die Sache aus der Nähe an, kann man einige Fixpunkte ausmachen: Europa steht heute für Demokratie, Achtung der Menschenrechte und Grundfreiheiten, sowie der Rechtsstaatlichkeit. Das steht im Vertrag von Amsterdam. Es ist klar, dass Rassismus einen Verstoß gegen die Menschenrechte darstellt.

Fragt sich vorerst, ob es politische Parteien oder Bewegungen gibt, die gegen die EU-Werte auftreten. Das ist zur Zeit nur indirekt bei Splittergruppen oder Einzelpersonen der Fall, wenn sie für Rassereinheit eintreten, in irgendeiner Form gegen Juden hetzen, dazu aufrufen, Ausländer tätlich anzugreifen und ähnliche Taten setzen. Selbst extremistische Rechtsparteien können es sich kaum mehr leisten, solche Thesen offen zu verkünden. Sie stehen unter Demokratiezwang. Damit ist aber auch klar, dass das Problem nicht auf der Ebene der verkündeten Theorie liegen kann, sondern in der Praxis.

Was den Rassismus betrifft, so sieht die Lage gar nicht so gut aus. In Österreich etwa wurden vier Zigeuner von einem Bombenleger getötet, zahlreiche Personen mit humanistischem Engagement, darunter der ehemalige Bürgermeister von Wien, Helmut Zilk, von diesem Mann durch Briefbomben zum Teil schwer verletzt. Der Bombenleger wurde schließlich gefasst und zu lebenslänglichem Kerker verurteilt. Im Vorjahr starb in Österreich ein Afrikaner beim Versuch der deportierenden Polizisten, ihn zu knebeln. Das gleiche geschah in Belgien einer Afrikanerin, als sie deportiert werden sollte. In Frankreich schätzt man die Zahl derjenigen, die jährlich aus rassistischen Gründen getötet werden auf etwas über fünfzig Menschen. Persönlich wurde mir ein Fall in Südfrankreich bekannt. In der Silvesternacht vergnügte sich eine Gruppe von Jagdfreunden auf einem Balkon, statt mit Feuerkörpern mit ihren Jagdgewehren in die Luft zu schießen. Gleichzeitig war im gegenüberliegenden Haus ein maghrebinisches Mädchen ans Fenster getreten, um es zu schließen. Eine Kugel von der Art, wie sie für die Wildschweinjagd verwendet wird, traf sie in diesem Augenblick in die Brust, sie war sofort tot. Den Zeitungsberichten zufolge konnten die Jagdfreunde glaubhaft versichern, dass sie nicht mit einer solchen Kugel und nur in die Höhe geschossen hätten. Der Fall wurde ad acta gelegt. Der Fall schien niemand weiter aufzuregen.

In Deutschland wiederum gibt es Überfälle von Randgruppen wie den Skinheads auf farbige Ausländer und Körperbehinderte und auch nur Jugendliche, die ihnen nicht passen, immer häufiger bis hin zum Mord. Ähnliches hört man aus Schweden. In Großbritannien laufen die Übergriffe gegen Farbige auf einer anderen Schiene, sind aber nicht weniger heftig. Auffällig bei der europäischen Sachlage ist die Reaktion der Öffentlichkeit. In Deutschland und Österreich ist man sich der rassistischen Sünden seiner Vergangenheit bewusst, die Öffentlichkeit reagiert auf den geringsten Übergriff. In England und besonders in Frankreich ist man sich dagegen bewusst, dass man als Nation betreffend Rassismus nichts zu beweisen hat. Stand man nicht an der Wiege aller ursprünglichen Erklärungen über Menschenrechte, von der englischen Magna Charta 1215 bis zur französischen Erklärung der Menschenrechte 1789? Rassistisch motivierte Morde werden daher häufig als "fait divers" abgelegt, außer die Familie eines Opfers macht viel und lange genug Krach. ---

In der real angewandten Politik erklärten sich einerseits alle Politiker Nachkrieg-Europas weithin als Demokraten. Eine der nicht vorausgesehenen Schwierigkeiten lag in der Existenz von kommunistischen Parteien, die weiterhin auf der politischen Linie der Dreißigerjahre lagen, also gewaltsam oder über Wahlen als Ziel die Abschaffung der gegenwärtigen und die Errichtung ihrer eigenen Gesellschaft hatten. Die Ausgrenzung war in diesem Fall legitim, denn es ging hier wirklich um die Grundlagen der Demokratie. Schädlich war die Ausgrenzung auf einer anderen Ebene. Die Versuchung lag nahe, jedwede legitime Kritik an negativen Entwicklungen in der Zivilgesellschaft als kryptokommunistisch zu qualifizieren. Gleichzeitig berief man sich aber stets für alles was man tat auf die Demokratie. Die sich unter diesen Umständen entwickelnde geistige und politische Erstarrung und damit Politmüdigkeit wurde 1968 durchbrochen aber nicht ganz überwunden. Vor allem das Interesse der Jugend an Politik wurde damals zeitweise wieder größer. Die Machtapparate dagegen hatten sich bereits zu sehr auf der leninoiden Linie eingespielt, als dass sie sich dem neuen Trend wirklich öffnen konnten. Der Wurm saß nun einmal im Gebälk und nagte still und lustig weiter.

Nach dem Fall der Mauer gehörten Links Mitte und Rechts zu den Gewinnern und fanden sich so auf allen Ebenen bestätigt. Erlebte man hier nicht den Sieg der realen Demokratie über den realen Sozialismus? So verkündete man denn weiter die Ideale der Demokratie und entwikkelte dabei immer mehr die Abschottung der leninoiden Machtapparate von der Bevölkerung. Nun ging es immer mehr um konkrete, saftig materielle Vorteile der Mitspieler, je höher im Apparat sie saßen, desto saftiger. Tatsächlich wiederholte die europäische Politkaste die Entwicklung in Breschnews Sowjetunion. Was das Europa der Union vor dem Absturz rettete, war die Unabhängigkeit der Wirtschaft. Man sieht das besonders gut bei Mitterand und seiner kriminellen Organisation im Verhältnis zu Kohl und seiner Seilschaft. Jene sahnten die staatliche Ölindustrie, die Banken und dergleichen ab. Davon ließen sie sogar die politischen Seilschaften des Nachbars profitierten, siehe Leuna. Die respektable Tageszeitung "Le Monde" schreibt von drei Milliarden Francs, welche auf solche Weise veruntreut wurden. Die deutschen Nachbarn waren im Verhältnis arme Schlucker, denn die Privatunternehmen kann man nicht ausnehmen wie Weihnachtsgänse. Da muss man Gegenleistungen bieten, etwa ein vorteilhaftes Gesetz oder einen lukrativen Auftrag. Was man dafür bekommt hält sich in Grenzen, denn es kann immer nur ein kleiner Teil des Nettogewinns aus der Operation sein. Je lukrativer jedenfalls die verschiedenen Spielarten dieses System funktionierten, desto mehr lobte man die Demokratie, die man zu neuen Höhen geführt hätte. Der Allgemeinheit kosten beide Varianten wahrscheinlich gleich viel. Die Rechten kriegen zwar weniger Bares, doch der Schaden für die Allgemeinheit ist dann ein Vielfaches dieser Summe.

Ideen, die den allgemeinen Bedürfnissen entsprechen, verkündet man aber nicht ungestraft. Die Europäer, undankbar, wie sie alle sind, wollten mehr wirkliche Demokratie, bekamen immer weniger und wussten nicht mehr wen, zum Teufel, sie denn noch wählen sollten. Die extreme Rechte war diskreditiert, die extreme Linke war diskreditiert, es war ja zum Verzweifeln.

Vor rund fünfzehn Jahren übernahm ein gewisser Jörg Haider die "Freiheitliche Partei Österreichs" oder FPÖ, damals in einem eher mickrigen Zustand. Nach dem Krieg war sie als VdU, Verband der Unabhängigen, von ehemaligen KZ-Häftlingen mit finanzieller und praktischer Hilfe der sozialistischen Führung gegründet worden. Das waren allerdings besondere Naziverfolgte insofern, als sie seit Jahren als illegale Nazis für den Anschluss Österreichs gekämpft hatten, nach dem Anschluss aber merken mussten, dass der reale Nazismus etwas ganz Anderes war als sie dachten und landeten stracks in den KZ. Nun versuchten sie, die "idealistischen" alten Nazi um sich zu sammeln. Die Politik der Sozialisten entstammte der Einsicht, dass sie gegen eine geeinte Rechte keine Chancen hätten. Eine zweite Rechtspartei musste also her. Der Schritt brachte den

Sozialisten durch die paar Abgeordneten dieser Partei zeitweilig die absolute Mehrheit im Parlament. Gleichzeitig konkurrierten die Sozialistische und die konservative Volkspartei um die Stimmen der Altnazis. Besonders die Sozialistische Partei tat sich öffentlich zugute, für die Entlassung aller wegen Verbrechen verurteilten Nazis gesorgt zu haben, einschließlich der noch nicht hingerichteten zum Tod Verurteilten. Die nunmehr Freiheitliche genannte Partei begann unter den neuen Umständen, für ehrgeizige junge Leute interessant zu werden. In dieser Partei hatte man die Chance, schnell Minister einer Koalitionsregierung zu werden. Haider war bereits in der Studentenorganisation der Partei aufgestiegen. Ihm war die Partei keineswegs zu mickrig. Genauer gesagt, er hatte Demokratie als freie Politnische ausgemacht und kam dadurch auf die Idee, mehr Demokratie zu fordern. Man zitiert immer seine Aussagen, die ihn in die Nähe der Nazis bringen. Antisemitische Aussagen sind meines Wissens nicht darunter. Der Politologe Wistrich beklagte Ende März in einem Vortrag in Jerusalem eine "Inflation von ungenauer Sprache" in diesem Zusammenhang. Doch die Wähler haben sowieso nicht wegen seiner "Ausrutscher" für ihn gewählt. Was eine relativ große Wählerschaft über die rechtsextremen Kernwähler hinaus angezogen hat, das sind seine Forderungen nach mehr Demokratie und Transparenz, begründet immer wieder mit konkreten Fällen. Versorgten sich etwa politisch auf höchste Verwaltungsstellen in verstaatlichten Betrieben und Organisationen wie den Krankenkassen gehievte unqualifizierte Apparatschiks gegenseitig mit einfach absurd hohen Gehältern, war er bei der nächsten öffentlichen Diskussion über die Notwendigkeit von Sparmaßnahmen mit konkreten Zahlen da. Dazu war er noch unwahrscheinlich schlagfertig und witzig. Es gab kein Tabu, das er nicht brach. Die Idee zeigte sich als regelrechtes Rezept für politischen Erfolg in unserer Zeit.

Die sozialistischen Partner seiner Partei merkten bald die Gefahr. Die den demokratischen Prinzipien entsprechende Reaktion, nämlich, alles zu tun, um den Kontakt zu den Wählern wieder zu gewinnen, lag nicht im Bewusstseinsrahmen dieser Politiker. Der damalige Bundeskanzler Vranitzki startete lieber eine Operation „Versperrt dem Nazi den Weg". Was vorläufig niemand begriff, war die Wurzel der Methode. In einer breschnewoiden Seilschaft werden Probleme über die Partei-Nomenklatura gelöst. In der verstaatlichten Industrie etwa baute ein unfähiger Manager Verluste? Als verdienten Parteisoldaten konnte man ihn nicht einfach abservieren, das Dutzend oder so Genossen mit der eigentlichen Macht entließ ihn auf einen gerade verfügbaren höheren Platz. Die Defizite wurden mit Staatsgeldern abgedeckt. Doch weil Probleme nicht gelöst, sondern nur auf eine höhere Ebene verschoben wurden, schlitterte die verstaatlichte Industrie Österreichs in den Bankrott.

Unter den sozialistischen Finanzministern hatte sich in 30 Jahren eine Staatsschuld von rund 250 Milliarden DM angehäuft, pro Kopf der Bevölkerung über 34.000 Mark und das bei blühender Wirtschaft. Die ebenfalls hohen Schulden der Länder mit Ausnahme Vorarlbergs sind da gar nicht mitgerechnet. Ob zu Recht, sei dahingestellt, die Konservativen brachen jedenfalls aus dem Zwangsbündnis mit den Sozialisten aus und bildeten nach den letzten Wahlen eine Regierung mit der Haiderpartei.

Die SPÖ-Führung reagierte auf den Verlust der Mehrheit mit den ihr vertrauten Methoden. Wie schon im Fall Waldheim, wo es darum ging, die Präsidentschaftswahlen mit Hilfe des Auslandes zu gewinnen - was fehl schlug - mobilisierte sie die Freunde in der, gewissermaßen, höheren Etage. Die Parteien der Sozialistischen Internationale, Israel und jüdische Organisationen wurden in Stockholm gegen „die Nazis" mobilisiert. Natürlich behaupten jetzt die Verteidiger der SPÖ, Klima und Konsorten hätte weggehört und weggeblickt, als das Thema in Stockhom zur Sprache kam. Die ebenfalls bereits breschnewoiden Freunde reagierten ihrem Gesellschaftsverständnis entsprechend ganz logisch als hätten nicht Wahlen, sondern als habe ein Staatsstreich stattgefunden. Dem Historiker Walter Laqueur, Vorsitzender des International Research Council im Washingtoner "Center for Strategic & International Studies" scheint anlässlich eines Interviews, "dass da in Frankreich und Belgien in der politischen Agenda auch andere Motive mitspielen."

In der Tat. Was Belgien betrifft, so hat Haider mit seiner Bemerkung von der pädophilen belgischen Regierung einen offen liegenden Nerv berührt. Niemand spricht über ihn, doch jeder kennt den Fall Dutroux. Da hat man seit einigen Jahren den Entführer und einige der Leichen von jungen Mädchen, aber man wird mit dem Erstellen der Anklage nicht fertig. Man untersucht erst noch. Scheinbar hat man zweimal versucht, ein kniffliges Problem wie in den USA und Frankreich zu lösen. Man ließ Dutroux von zwei Polizisten bewacht im leeren Gang eines Gerichtsgebäudes warten. Die beiden Polizisten fielen prompt in Tiefschlaf, mit den Pistolen so, dass sie leicht herausgezogen werden konnten. Und der Dutroux nahm eine und lief wirklich weg!

Sofort war ein Sonderkommando hinter ihm her. Im französischen Fernsehen sah ich den Leiter des Kommandos noch am selben Tag aufgeregt vor der Kamera: "Das ist ein Feigling! Ich konnte nicht schießen, der Feigling hat vor allen Leuten die Hände gehoben."

Ein Jahr oder so später entschied der Untersuchungsrichter still und leise, Dutroux bis zu Prozessbeginn zu enthaften, da keine Fluchtgefahr vorliege. Die Eltern der Opfer fürchteten, dass dann ein - plötzlich von moralischer Wut erfasster - Typ auftauche, Dutroux umzulegen. Etwas Ähnliches hat man nach dem Kennedymord miterleben können. In Frankreich wurde vor einem delikaten politischen Prozess der Angeklagte von einem empörten Bürger erschossen.

Was Frankreich betrifft, so wäre die von Laqueur angedeutete Motivation seriöser. Präsident Chirac steht unter enormem Druck der Gefolgschaft der eigenen Partei. Bei den letzten Wahlen musste er bereits führende regionale Politiker ausschließen, die mit der extremen Rechten Bündnisse eingingen, um eine Wahl zu gewinnen.

Premierminister Jospin steht unter noch viel größerem Druck der linken Wähler. Im vergangenen Jahr mehrten sich die Demonstrationen von Angehörigen der verschiedensten Berufe, die gegen seine antisoziale Politik demonstrierten. Praktisch läuft die Kritik an ihm darauf hinaus, dass er in der Praxis eine neoliberale Politik verfolge, während er ständig seine sozialen Sorgen betone.

Sein Halt an der Macht wäre von einer Koalition der gesamten Rechten unmittelbar bedroht. Als die Demonstrationen gegen seine Regierung im März immer gewaltiger wurden, versuchte er, den Protest zu entschärfen, indem er die am heftigsten angegriffenen Minister ablöste und die alte Seilschaft Mitterands wieder einsetzte. Die Franzosen, die demonstrieren, sind nicht zuletzt darüber wütend, dass man von ihnen Opfer verlangt, um die Altlasten aus der Ära Mitterand bereinigen zu können.

So wie im Fall Waldheim schlug die Taktik der österreichischen Sozialisten fehl, sie kamen nicht zurück an die Macht. Im Gegenteil, bei jeder Auseinandersetzung um die unabwendbar gewordenen Reformen stehen sie als Verursacher der Schwierigkeiten da, die prinzipiell zu allen Vorschlägen Nein sagen. Die Regierung dagegen profiliert sich langsam aber sicher als mutige Erneuerer. Mit dieser Taktik werden die Sozialisten in den nächsten zehn Jahren zur Bedeutungslosigkeit etwa einer französischen kommunistischen Partei herabsinken. Verstärkt wird diese Entwicklung noch durch die Tatsache, dass die Regierung die Sympathie rechter europäischer Unternehmer genießt, was sich in die steigenden Exporte und ausländischen Investitionen der ersten sechs Regierungsmonate umgesetzt hat. In Österreich selber überlegen sich heute Unternehmer, ob sie mit Entlassungen nicht die Regierung schädigen. Im Zweifelsfall und soweit es tragbar ist, sehen sie davon ab. Sollte diese Entwicklung bis zu den nächsten Wahlen in drei Jahren halten, werden die Sozialdemokraten wohl von den Grünen überholt werden.

Die Vorgehensweise der Sozialdemokraten und die Reaktion der anderen Parteien zeigte, dass ihre Krankheit alle europäischen Sozialisten befallen hat. Angesichts der Schwierigkeiten bunkert sich die Regierung Jospin ein und das bedeutet praktisch, dass sie einem französischen Haider ebenso wehrlos gegenüber stehen würde, wie die österreichischen Sozialisten. Den gibt es vorläufig noch nicht. Doch Diskussionen sind heftig im Gange und es würde mich nicht wundern, wenn in naher Zukunft die extreme Rechte ihren Rechtsextremismus im untersten Fach verberge und sich dem unwiderstehlichen Charme der radikalen Demokratie hingebe. Damit ließe sich die Strategie Chiracs der Ausgrenzung der französischen extremen Rechten nicht mehr halten und wir hätten bei den nächsten Wahlen eine siegreiche Koalition der gesamten Rechten Frankreichs an der Macht. Sollte es so weit kommen, muss man dann allerdings mit einer Neuauflage der französischen Version des Rassismus rechnen. Nach einer Umfrage im März 2000 sind schon 70 Prozent der Franzosen gegen Ausländer eingestellt, die nicht Bürger der EU sind. 31 Prozent finden, Juden hielten zu viele wichtige Positionen in der Gesellschaft. Was sich im Gefolge Frankreichs dann an krassem Rassismus in der ganzen EU tun würde, wäre mehr als beängstigend.

Gibt es eine Alternative zumVerfall der traditionellen Parteien? Als Grundvoraussetzung müssten sie Aufsehen erregend und öffentlich, also glaubhaft, ihre Parteien nach demokratischen Prinzipien reformieren. Das scheint extrem schwierig, ist aber auf lange Sicht eine Vorbedingung für ihr Überleben. Das sieht man sehr an der deutschen CDU. In dieser Situation punkten alle Parteien oder Persönlichkeiten, die außerhalb der Doppelnomenklatura stehen. Der linke Bürgermeister von London hat die Wahl gegen seine ehemalige Partei und gegen die Konservativen gewonnen, in Deutschland scheint die erneuerte FDP wieder Aufwind zu bekommen, wenn auch nur als Ersatz für stärkeren Tobak.

Die grünen Parteien Europas werden von der Bevölkerung nur allzu oft noch als ein Haufen von streitenden Neurotikern gesehen. Wiederum kommt ein Signal aus Österreich. Ihr neuer Vorsitzender Van der Bellen erreichte im März 2000 laut einer Meinungsumfrage als wahrscheinlich erster Grüner Europas die Stellung des Politikers, den die meisten Wähler am liebsten als Bundeskanzler sehen würden. Über alle Parteien hinweg wird er zur Zeit als der einzige Politiker gesehen, der nicht nur ruhig und gelassen spricht, sondern darüber hinaus auch intelligent. Doch sehen die Wähler in Deutschland und Frankreich nur zu gut, wie ansteckend die

Wurmkrankheit ist, an der die sozialdemokratischen Partner der Grünen leiden.

Die Kernfrage für die Grünen Parteien liegt in der Schwierigkeit, sich vom leninoiden Grundschema der Traditionsparteien zu lösen. Innerparteiliche Demokratie bedeutet für sie in der Praxis immer noch, die Führung der Partei an sich zu reißen und dann die eigene Version der Neuen Ordnung dem Rest der Partei aufzuzwingen. So lange das Niemandem gelingt, streitet man und denkt womöglich noch, das sei eben Demokratie.

Angesichts der eingefahrenen Mentalitätsstrukturen der europäischen Politiker scheint es ihnen zur Zeit schwierig, eine unbefangene Sicht auf Demokratie zu erarbeiten. Es gibt in einer Partei verschiedene Meinungen und Tendenzen? Das braucht nicht, wie in Frankreich, in konkurrierende Parteilinien auszuarten, jede mit ihrem „Baron", wie man dort sagt, an der Spitze. Ein winziger aber doch Schritt mit einer enormen Reichweite bestünde in der Freiheit der Abgeordneten einer Partei, im Parlament ihrem Gewissen und nicht der von der Parteispitze erzwungenen Disziplin zu folgen, verbunden mit der Notwendigkeit, sich vor ihren Wählern zu verantworten.

Für die jetzigen Führungsspitzen ALLER dieser Parteien wäre das eine Horrorvision. Sie hätten dabei ihre Partei nicht mehr im Griff. Wozu frißt denn so ein Parteiführer bei seinem Aufstieg jede Menge Kröten, wenn er dann auf die MACHT verzichten muss? Den Wählern dagegen würde es wieder Vertrauen in ihre Vertreter geben, sie sähen wieder einen Grund, zur Urne zu gehen.

Wir gehen in Europa jedenfalls aufregenden Zeiten entgegen. Ob wir am Ende des Jahrzehnts nach harten Auseinandersetzungen eine politische Landschaft haben, in der nur noch rechte Demokratieextremisten und ein paar mickrige Grüne zählen? Das entscheidende Kriterium für den Sieg bei Wahlen sollte heute die gewissenhaft verwirklichte demokratische Zivil- oder Bürgergesellschaft sein, wenn es mit deren Definition auch noch hapert. Um auf diesem Gebiet Klarheit zu schaffen, ist allerdings ein weiterer Essay notwendig. In der Zwischenzeit kann man sagen: Vergesst Opas Ideologien, auf in die Startlöcher und dass die Partei gewinne, die als Vertreter der Staatsbürger deren demokratische und soziale Hoffnungen verwirklicht!